拜德雅
Paideia

在工作中迷失
逃离资本主义

[英]阿梅利亚·霍尔根(Amelia Horgan) | 著

王伯笛 | 译

上海文艺出版社

目 录

致　谢 / iii

前言：工作的幻象　/1

1　工作、资本主义与资本主义工作　/23

2　质疑"工作"　/51

3　新工作的悖论　/77

4　工作对个人的影响　/107

5　打工的国度：当玩乐成了一桩严肃的生意　/133

6　工作对社会的影响　/159

7　翘班和偷懒：职场中的抵抗　/185

8　团结起来：有组织的劳动力和劳动者的梦　/205

9　休息：对工作的抵抗　/233

结语：谈回工作　/257

- 致　谢 -

写这本书的时候,我病得很严重。2020年3月感染新冠后,我那一年大部分时间都躺在床上,身体太虚弱以至于下不了床,连思考和写作都费劲。生病的那段时间我只能断断续续地写这本书,今天写几句,明天写一段。也就是说,这本书跟我预想中的样子有些差别。除此之外,我希望这本书没有辜负人们对理论能做什么、应该做什么的期待:理论揭露了那些被认为是确定的、难以改变的自然之物其实是偶然多变和能被改写的。简而言之,行动最基本的前提是希望。希望能有更好的工作,希望我们所熟知的工作能被改变,希望我们能拥有一个更美好的世界。

在我生病的时候，我看到了人们是多么希望能够互相照顾，而这些照顾彼此的愿望又是如何在我们社会的组织方式面前挫败的。在最初一波（令人印象深刻的）互助风潮过后，传统模式重新回归。让日常生活得以延续的与其说是颠覆性的集体努力，不如说是家中无偿的女性劳动，家庭之外报酬微薄的有偿服务和快递服务；花样越多，改变反而越小。或许我们不会轻易断言人类拥有怎样的本质，但要想破坏人们迫切希望与彼此分享的那种善意与关怀也绝非易事。

想到这些，我要感谢那些给予我极大关怀与支持的朋友和同志们，尤其是加布里埃尔·康斯坦丁·梅墨尔（Gabriel Constantin Mehmel）、哈利姆·加尼（Hareem Ghani）、胡达·埃尔米（Huda Elmi）、玛莎·佩洛托－威尔斯（Martha Perotto-Wills）、珍妮·基林（Jenny Killin）和肖恩·奥尼尔（Sean O'Neil）。

黛西·波特（Daisy Porter）、弗雷迪·希尔（Freddie Seale）、詹姆斯·艾略特（James Elliott）、詹姆斯·格雷格（James Greig）、乔什·加伯特－多扬（Josh Gabert-Doyon）、奥兰多·拉萨

尔（Orlando Lazar）、内哈·沙（Neha Shah）、罗伯特·麦西（Robert Maisey）、萨拉·费希（Sarra Facey）、山姆·多贝尔（Sam Dolbear）、斯蒂凡·布雷尼（Steffan Blayney），尤其是洛尔娜·芬雷森（Lorna Finlayson）阅读并点评了各章节草稿，极大地提升了文本质量。任何错误或遗漏都是我的责任。

我还要感谢内达·德拉尼（Neda Tehrani）在编辑过程中的耐心与仔细，以及在我写作这本书时对我的支持。

还有理查德（Richard），谢谢你带给我的一切。

前 言

工作的幻象

一种与工作有关的进步叙事能让人感到欣慰：糟糕的旧时代一去不复返，再也没有童工在矿井工作，再也没有棉纱厂[1]、工伤和刻薄的老板。对我们而言，与工作有关的遗留问题只剩下不是每个人都能找到适合他们的工作，或者一些障碍导致女性、有色人种、残疾人等特定群体无法从事某些职业。但对许多人来说，当代工作的真实情况并非如此。若要反驳上述进步叙事，我们可能首先会指出世界范围内仍持续存在的危险工作。虽然采掘业中大多数极度危险且剥削情况严重的工作已被输出至发展中国家，但与工作相关的健康问题和工作条件恶劣的问题在发达国家依然存在，而且专横的老板对员工任意妄为的例子比比皆是。2018—2019年，英国至少有140万劳动者[2]的健康问题与工作有关。[3] 尽管因工作患病的人数多年来呈下降趋势，但自2008

---

[1] 由于空气中的棉尘含量高和环境噪杂，棉纱厂以工作条件差著称，尤其是在其产生和兴起的初期阶段。——译者注

[2] "worker"一词会根据语境和时代背景需要被译为"工人"、"劳动者"、"工作者"或"员工"。——译者注

[3] https://hse.gov.uk/statistics/causdis/index.htm（上次访问时间2020年12月）.

年金融危机导致这一人数短暂攀升后,该群体规模就一直保持稳定。

新冠危机表明,对职场健康构成危害的风险分布不均。虽然英国国家医疗服务体系(National Health Service,NHS)的员工所面对的个人防护用品短缺、工作时间长和侮辱性低薪受到了正当谴责,但低薪与低保护服务行业的劳动者所面临的风险通常鲜少被提及。[1] 其中部分原因在于雇主的隐瞒:雇主不必上报社区内的传播病例,只须上报工作场所内的传播病例,且这一区分取决于雇主自己的判断,这样的漏洞在实际情况中让雇主能自行决定发生在其工作场所内的新冠病例是否被如实上报。[2] 该问题在食品加工业内尤为突出:据媒体报道,该行业内的确诊病例至少有 1461 例,另有 6 例死亡病例,而官方通报的确诊病例仅有 47 例,且无死

---

[1] 就连递送新冠检测所用医疗样本的公司也因其糟糕的雇员待遇而遭到批评,参见 https://news.sky.com/story/coronavirus-major-uk-testing-company-broke-health-and-safety-laws-at-height-ofpandemic-12087248(上次访问时间 2020 年 12 月)。

[2] www.pirc.co.uk/wp-content/uploads/2020/09/PIRC_sector_food_processing.pdf(上次访问时间 2020 年 12 月).

亡病例。[1] 在一家食品加工厂内暗中拍摄的画面显示，员工若请病假就会受到辞退的威胁。同样的情况也发生在电话服务中心，即便当其他工作场所均已停业，即便该中心提供的服务——如催债和推销新的电话套餐——并不"必要"，但那里的员工仍被要求照常上班。[2] 在面对危险的新病毒时，这些服务也许并非必要，但对利润而言它们必不可少。

危机的第一阶段表明，劳动者被暴露在程度迥异的风险之中；虽然有时会不舒服，也存在困难，但我们中有人能够居家办公，而其他人除了将自己暴露在潜在的致命病毒面前外别无选择。"必要行业工作人员"（essential workers）和"关键行业工作人员"（key workers）只是说辞，在不得不继续到岗上班的人中，并非所有工作都能被合理地视为"必要工作"。仍去上班的人其实超过半数。尽管

---

[1] Ibid.
[2] 例如，位于达灵顿（Darlington）的 EE（Everything Everywhere）电话服务中心就于 2020 年 3 月向其员工施压，要求他们返回工位，参见 https://thenorthernecho.co.uk/news/local/darlington/18341404.coronavirus-please-help-us-plead-darlington-ee-call-centre-staff-working-pandemic/（上次访问时间 2020 年 12 月）。

"必要工作"可能会让人想到超市柜员或医生护士,但实际情况是,企业从事的工作是否必要,由老板说了算。[1] 当商店重新开放时,男性和女性售货员的死亡风险分别上涨了 70% 和 65%。[2] 看来病毒也会性别歧视。在像英国这样高度不平等的社会里,同样的健康问题背后的原因差异极大。但这些差异并不是间接因素;相反,它们决定了人们患病的可能性和疾病本身的严重程度。不同行业的劳动者面临不同程度的风险,当与结构性风险相结合时,那些受制于这些风险的人更有可能得病,甚至是死亡。尤其是对黑人群体而言,职业本身的风险与贫困和种族主义的结合意味着该群体中死于新冠病毒的人数几乎是白人的两倍。[3]

新冠疫情让人们对工作正被逐步改善这样安抚内心的说法开始产生怀疑,它揭示了糟糕的新工作

---

[1] https://opendemocracy.net/en/oureconomy/dont-buy-the-lockdown-lie-this-isa-government-of-business-as-usual/(上次访问时间 2020 年 12 月).

[2] https://ons.gov.uk/peoplepopulationandcommunity/healthandsocialcare/causesofdeath/bulletins/coronaviruscovid19relateddeathsbyoccupationenglandandwales/deathsregisteredbetween9marchand25may2020(上次访问时间 2020 年 12 月).

[3] https://bbc.co.uk/news/uk-52219070(上次访问时间 2020 年 12 月).

有多普遍。那些不用体验这一艰难处境的人——不像工薪阶层那样靠有偿工作赚钱的富人，以及老一辈中从未或只暂时从事过低薪或保护措施不足的工作的人，尽管这其中存在巨大的阶级、性别、种族和地域差异——所处的是一个幻想中半睡半醒的世界。在这个世界中，专断的老板、微薄的收入和因挑战不合理的糟糕工作条件而被解雇都是过去，或至少也是发生在别处的事。这个世界讲给自己听的故事是：找工作不是很难——在商业街上找个地方投简历就够了——只要能找到一份工作，你就能靠它付房租。不好的事发生的几率很低，对这点你很有信心；即便不好的事确实发生了——比如，你生病了，或者受了工伤——法律或雇主的善意也会保护你。虽然你可能必须在你不怎么热衷的事上埋头苦干几年，但终有一天你将有能力做你真正喜欢的事，或者至少你的收入足以让你不再在乎这一点。

而现实是，那种你曾经或许带着刚打印出来的简历转一圈商业街就能找到的工作，现在有成百上千的人申请。虽说找到好工作——高薪、有保障并能带来满足感——的可能性几乎为零，但我们可以把人们对此的执念归结为以下几个不同的因素。首先，许多人对该问题的真实规模和本质视而不见。这是因为到目前为止，主导本世纪的经济停滞在英国意味着劳动力市场的两极化。随着中等收入职业流失，中产阶级被淘汰。结果薪水微薄的工作——通常是兼职或虚假自雇（即那些在法律上可被算作雇员，并作为雇员获得权利和福利，但在公司的鼓励下注册为自雇人士的工作者）——成了底层职业，而处于上层的则是越来越多的高薪职业。[1] 这一两极化在英国并非均匀分布。在南英格兰部分地区，尤其是在伦敦，不平等和劳动力分化的程度之高是在其他地区见不到的。[2] 同时，历届政府或抬高以往的全民福利门槛或削减福利规模的做法，以及公共服务的流失，要么毁了福利国家长期以来提供的保护，要么削弱了这种保护。但对那些从未经历过这一新福利体系，或者从未使用过正在走下坡路的公共服务的人，以及那些在自身职场内资历够高，

---

[1] https://bl.uk/britishlibrary/~/media/bl/global/business-and-management/pdfs/non-secure/w/a/g/wage-inequality-and-employment polarisation-in-british-cities.pdf（上次访问时间 2020 年 12 月）.

[2] Ibid.

不用签零工时合同或从事临时工工作,或者已经退休并离开就业市场的人来说,他们很可能根本不清楚这一切究竟有多糟,不清楚麻烦会多快多突然地找到你。他们记住的,是一个被称为"标准就业"(standard employment)的世界,或者说他们仍活在这样一个世界里。标准就业指全职、无时间限制的合同制工作,其中包括由工会强制执行的合同条款和雇主雇员间的对等责任条款。

但标准就业是某种历史反常现象。对雇用条款进行明文规定的法律机制是由工会争取并捍卫而来的,但在引入这一机制前,雇主拥有雇用、解雇、决定工时长短等巨大的专断权力。尽管英国多数就业人口属于标准就业,但仍有许多人被排斥在外,而且在年轻人、有色人种、移民及女性群体更有可能从事的行业中,临时合同、零工时合同、分包合同或虚假自雇出现的可能性往往更高。

所有这些(正变得越来越普遍的)合同上的"非常规",将更多的权力和灵活性交到了雇主手中,让他们能砍掉例如英国国家保险(National Insurance)、病假或育儿假这样的成本,让他们能更容易并以更低廉的价格开除员工。零工时合同（zero-hour contract），又称随叫随到式工作，虽然灵活，但这种灵活性通常对雇主而不是员工更有利。零工时合同意味着需求不高时，员工就没有工作。这种合同也造就了一个控制系统——员工在工作之外可能有其他责任，比如到点了要接孩子——而将时间安排完全交到经理和老板手中意味着，那些不能完成特定目标，通常是不可能实现的高标准，或那些抱怨工作条件的人，就得不到适合他们的工作安排。[1] 英国约6%的合同为零工时合同，而这一比例在管理与支持性服务、住宿和餐饮等一些行业却升至20%左右。建筑业、医疗卫生行业和社会工作行业则不成比例地使用这类合同。尽管英国的非标准就业不如标准就业常见，但在部分行业内，非标准就业却在增加。这意味着众多劳动人口被排除在员工和雇员应享有的法律权利之外。全球范围内，大部分工作其实是在正式部门外完成的，这就是说这些工作不仅有可能是非标准的有偿工作，也

---

[1] 参见 Alex Wood, *Despotism on Demand* (Ithaca, NY: Cornell University Press, 2020)。

有可能不在一国的法律和税收框架之内。随着新工作机会的增速变缓和更多的工作流失，非标准就业，或者说不隶属于正式部门内的任何工作，将越来越常见。

如果我们清醒地审视英国的工作现状——低薪、保护措施不足、两极分化、工资长期停滞不前的现象普遍存在——我们可能会认为有些事亟待改变。我们或许想要质疑这篇前言开头提到的关于工作的进步叙事。但政治机构对于薪水不错、有保障的工作越来越少的回应根本就没搞清楚重点。第一类回应尽管表面上看没有很糟，但其实连敷衍了事都算不上。我们将此称为"志向缺失型"回应。这种说法认为，有人之所以被糟糕的工作困住，是因为他们根本不清楚自己的能力所在，只要有了正确的激励，他们就能找到一份令人满意的工作。上述激励可能会有所帮助，尤其是在应对职场上不成文，通常对门外汉来说无法理解且受社会资本约束的规则这一复杂情况时。这种看法有时变成了帮助特定受压迫人群找到薪水更高、更有保障的工作。但对女性、有色人种和工薪阶层而言，职业发展或从事某些特定职业的门槛常常很高，如果他们做不到怎么办？失败的人永远都比成功的人多，这个系统就是如此。失败的，是那些陷入残酷的惩罚性福利体系和没完没了从事低薪垃圾工作的人。在一个从其结构上看无法满足每个人理想的世界里，怀抱希望让那些时运不济，或者说那些不知出于何种原因就是不能实现自己理想的人陷入无望。这种被劝来的理想有时还自带某种训练机制，但这种机制往往看不到高质量工作匮乏这一结构性问题。即便怀抱希望的做法奏效，也只有很少一部分人能从中受益；而对其他人而言，被迫认为他们的失败完全是自己的错，是何其可怕的残忍瞬间。

第二种回应"以前那种我们熟知的工作在减少"的方式将失业视为一种病。这就是理想模式中与胡萝卜配套的那根大棒，在某种程度上也能被理解为是这根大棒的延伸。第二类回应方式认为，没工作成了一种病，要靠努力工作来治愈。[1] 我们能从回避危险病毒的员工是对"休假上瘾"这种令人

---

[1]《工作疗法》(David Frayne [ed.], *The Work Cure* [Monmouth: PCCS Books, 2019]) 一书有助于了解这方面的讨论。

厌恶的揣测中听出这类回应方式,如英国时任卫生部长马特·汉考克(Matt Hancock)建议的那样,他们得"戒瘾"。在其"勤奋守规矩的英国人"(alarm clock Britain)[1]这一令人反感的言论中,英国前副首相、紧缩政策副设计师尼克·克莱格(Nick Clegg)例行引用了"奋斗者 vs 旷工者"这样荒诞的二元对立;工党议员蕾切尔·里弗斯(Rachel Reeves)坚决主张她的政党不是"享受福利的人"的政党;而乔治·奥斯本(George Osbourne)将"凌晨天还没亮时就出门上班的轮班劳动者"和"他们一辈子躺在福利上睡大觉的邻居"对立起来——从上述言辞中我们能听出第二类回应方式。[2] 这类言辞有时甚至会突然变成对优生学的公开鼓吹,例如保守党议员本·布拉德利(Ben Bradley)曾写到,那些领取福利的人应该接受输精管切除手术。[3] 失

---

[1] 尼克·克莱格用 "alarm clock Britain" 指代那些虽收入微薄,但仍起早贪黑努力工作、守规矩的英国人。在克莱格的口中,这些英国人蔑视那些不工作靠福利生活的人。——译者注

[2] https://theguardian.com/politics/2013/jan/08/strivers-shirkers-languagewelfar(上次访问时间 2020 年 12 月).

[3] https://theguardian.com/politics/2018/jan/16/ben-bradley-under-fire-forblogpost-urging-jobless-people-to-have-vasectomies(上次访问时间 2020 年 12 月).

业成了危险的状态、一种遗传疾病，但这只是个人的错。玛格丽特·撒切尔（Margaret Thatcher）缩减了申领人能获得的福利额度，但为福利设门槛是直到梅杰和布莱尔才有的事。[1] 某些门槛压低了能够申领某种福利的人数：比如，福利申领资格将学生群体挡在申领失业津贴的大门外，尽管该群体曾经在暑期有权获得此津贴。其他门槛与申领人的行为挂钩：这可能意味着强制的无偿工作，或因错过预约而受到惩罚；在某些情况下，惩罚可能意味着申领资格被吊销高达三年之久。[2] 福利国家的安全网不仅遭到破坏，领取福利也受到了严重的污蔑。[3] 让人们从事无偿工作的方案对雇主来说大概是一种有利的安排，但对人们进入职场却没什么帮助。虚假自雇形式的增长也一样，它降低了雇主的成本，却导致雇员失去了直接雇用带来的保护。这种形式

---

[1] 梅杰，即约翰·梅杰（John Major），于 1990—1997 年出任英国首相；布莱尔，即托尼·布莱尔（Tony Blair），于 1997—2007 年出任英国首相。——译者注

[2] https://bbc.co.uk/news/uk-46104333（上次访问时间 2020 年 12 月）.

[3] https://blogs.lse.ac.uk/politicsandpolicy/benefit-sanctions-mental-health/（上次访问时间 2020 年 12 月）.

还能将失业数据维持在低水平。当然,通过外包福利国家的福利生意,私企也能从中获利。惩罚性福利机制中最声名狼藉的环节之一,是评估某人是否有资格获得就业和救济津贴,而据报道,目前负责管理这一就业能力评估的企业,每做一单就有200英镑的报酬。[1]

两种不自由

面对持续的低工资和日益增长的在职贫困(in-work poverty),英国政府仍坚称"工作是摆脱贫困的最佳途径"。[2]贫困与失业成了个人的失败,而不是不受欢迎的经济特色。在用理想温水煮青蛙式的间接惩罚和福利制度直截了当的暴力之间,一场针对数百万人的战争正在拉开序幕,他们被困在无保障的低薪工作之中。但这本书要讨论的并不是

---

[1] https://theguardian.com/society/2016/jan/08/maximus-miss-fitness-to-worktest-targets-despite-spiralling-costs(上次访问时间 2020 年 12 月).

[2] https://ft.com/content/d50bd4ec-7c87-11e9-81d2-f785092ab560(上次访问时间 2020 年 12 月).

垃圾工作，¹ 虽然光是这类工作的数量和与之俱来的痛苦就足以反驳工作正被逐步改善这一叙事。这本书要讨论的，是资本主义制度下的工作对我们所有人都是有害的。正如我们已经看到的，就其目前形式而言，工作对收入最低的群体而言根本没用。²但资本主义下的工作问题不仅仅是垃圾工作和好工作获取途径分配不公的问题，这是我在本书余下部分要论证的。就连在更有保障、更长久且薪水更高的工作中，劳动者同样面对各式各样的问题。大体上看，其中的原因在于我们无法选择我们的工作方式。工作时，我们受制于他人的控制。虽然受制于他人的权力并不总是件坏事，但实现控制的特定方式，尤其是对相对没有权力的劳动者而言，意味着受制于人可能危害极大。职场中缺乏自由的部分原因在于工作的背景条件，即社会中的大多数人要找份工作才有能力生存。从这个意义上讲，进入职场并非我们的自由选择。当然，没人强迫我们工作，

---

1 也可参见 David Graeber, *Bullshit Jobs: A Theory* (Penguin, 2018)。
2 作者在此处使用了双关，原句 "work simply does not [⋯] work for the lowest paid" 暗含了"工作不工作"的意味。——译者注

我们没被从床上拽下来,没被按到办公椅上,没被人用枪抵着脑袋要求浏览电子表格,我们也不会因为完成不了月度目标就被枪决——但在我们所处的社会中,有份工作是必选项。没工作的人生极端困难,富人除外。这就是我们工作的原因。我们没有直接被强迫工作,但社会结构决定了我们必须工作。一旦失业,超过三分之一的家庭将无法支付下个月的房租。[1] 而要想再找到同级别、同样工资待遇或相同地段的工作可能并不容易,尤其是在经济低迷期。工作以外的世界,是由惩罚性的福利制度和道德谴责构成的世界。微薄的津贴或丢掉住处对我们的威胁让我们对更糟的待遇无能为力:我们更需要工作,而不是工作更需要我们,几乎一直如此。通往工作的路不是免费的,而踏上这条路后,我们的时间就不再属于我们自己。

---

1 https://theguardian.com/money/2016/aug/09/england-one-in-three-familiesone-months-pay-losing-homes-shelter-study(上次访问时间 2020 年 12 月).

想要工作

2020年9月,伦敦地铁内一则由清洁用品公司滴露(Dettol)投放的广告在网上引发了争议,该广告列举了广告制作人眼中办公室工作的优点和通勤的多重乐趣。[1]

> 听到闹钟,戴上领带,拿起公文包。前台接待员,充满咖啡味道的空气,上电梯,见到你的第二家庭,饮水机旁的对话,恰如其分的玩笑。

滴露的这则广告招来了应有的嘲讽。该广告暗示那些完全可以居家办公的人应该返岗工作,但疫情期间重返工作岗位是否安全本就存疑;不仅如此,广告内容还与多年来将办公室描绘成理想受挫而非实现之地的流行文化大相径庭。这一看法从某种程度上讲是大众常识。办公室,是你做你没什么兴趣的事,还常常要跟你不怎么喜欢的人寒暄的

---

[1] https://indy100.com/article/dettol-ad-office-tube-work-benefits-9703071 (上次访问时间 2020 年 12 月).

地方。不过，除了这种对职场文化的怨声载道，我在对这则广告的回应中还注意到其他问题。许多人表示，他们其实喜欢工作；一项2017年的民意调查发现，三分之二的英国人称他们喜欢或热爱自己的工作。只有十分之一的人说他们不喜欢他们的工作。[1] 上述数据与批判资本主义工作的人在工作中发现的问题之间存在不一致，我们怎样才能为此提供合理的解释？

到目前为止，我所说的——以及我将在这本书中论述的——并不排除有人享受自己的工作这一可能性。这表明并不是所有人都对自己的工作不满意。滴露饱受诟病的广告不仅暗示了工作的乐趣，还暗示了人们与工作间强烈的情感联系：人们甚至会思念工作。对许多人来说，工作是他们度过生命的地方，是他们中的一部分人发展自己最重要的人际关系的地方，他们找到意义甚至是喜悦的地方。对工作进行批判时我们要考虑到这一点。但这本书讨论

---

[1] https://yougov.co.uk/topics/politics/articles-reports/2017/08/03/love-wagebalance-how-many-brits-their-job-and-the（上次访问时间2020年12月）.

的不是人们的主观偏好,也不是这些偏好得以形成的条件,更不是这些偏好存在的可能性背景,如缺乏其他可能的满足感和社会性来源。这本书考虑的是资本主义工作限制人自由的方式;就算这样的工作或许能提供点儿满足感甚至是乐趣,但得到这些是以牺牲培养其他类型的乐趣和其他生活及生产方式为代价的。这本书的目的在于理解现实中真实存在的工作带来的伤害,并设法找到我们能改善工作的方法。我将在本书第 1 部分中概述什么是工作,对工作有怎样的理解和质疑。第 2 部分讨论的是工作对社会、对我们个人、对越来越像工作的其他生活领域的影响,尤其是休闲和教育。我将在本书最后一部分考虑我们应该对工作的问题采取怎样的行动。

工作与我们的身份和我们的日常生活紧密联系在一起。我们被鼓励要热爱我们的工作,要实践自己所在企业的"价值"。某些行业的兴衰塑造并影响了当地社会。这就是说,当我们批判工作时,我们常常会遇到恐惧与不解。这种恐惧不仅仅是精英们宣扬的工作伦理的产物。在资本主义制度下,工作成了自我发展和获得尊重与满足感的唯一途径，因此这也是一种对失去自我的由衷的恐惧。而资本主义的关键特征——工作和雇佣劳动——就是对我们生活的可能性的一场围堵。若不彻底改变这一社会基础，我们就无法夺回我们的生活。

1
工作、资本主义与资本主义工作

那些坐在金椅子上写作的人将被审问,他们要回答的问题与那些为他们编织长袍的人有关。

——贝托尔特·布莱希特(Bertolt Brecht)[1]

---

[1] Bertolt Brecht, 'How future ages will judge our writers', trans. Tom Kuhn & David Constantine, in *The collected Poems of Bertolt Brecht*, (New York & London: W.W. Norton, 2018), p. 752.

在听了多年撒切尔支持者"没有选择余地"（There Is No Alternative）的口号后，全球新左派运动显示，除了紧缩政策和新自由主义，可能还存在其他选择。这样戳穿意识形态现状导致了特别出人意料的后果：自 2008 年的金融风暴和随之而来的政治动员以来，主流政治评论员开始讨论资本主义。在某种程度上，这是一种进步。从某个角度来看，将资本主义命名为一种特有的制度，而不是只把它当作一切本就如此、不可避免的规律，要好过以理所当然的态度对待资本主义。但尽管如此，分析资本主义的主流尝试仍很肤浅。这一论调认为，资本主义逼迫我们或企业做出有害的行为，但我们对此无能为力。这一论调通常表达得就像是无奈地耸耸肩。它为个人选择——如购买某些特别昂贵或生产过程涉及暴力的商品，或如苹果耳机这样二者兼具的产品——和企业的剥削找好了借口。它对资本主义企业或个人为何如此的回答是："唉，这就是资本主义！"

身为作家的蕾切尔·康诺利（Rachel Connolly）

认为，这样的描述"出奇的肯定"。[1]她指出，持这种看法的人掩盖了资本主义压迫在经验和程度上的巨大不同，转而声称这是一种与阶级无关的千禧年一代通病，还为了隐瞒真相故意将单纯的参与和主动共谋混为一谈。尽管在这样的描述中可能存在着某种资本主义或其新自由主义变体的合理替代方案，但这类方案的理论并不充分。这是因为该看法所表达的那种"肯定"涉及的不只是个人或企业行为伦理，而是已经扩展至对资本主义运作方式的特有理解。在这一肯定的解释中，一切之所以会以资本主义的方式发生，是因为这就是资本主义的运作方式。在这一解释之下，我们的个人行为无关紧要——事实可能的确如此，因为我们单靠自己的力量无法带来多大的改变——但关键是，就连集体的政治行为也变得无关紧要。除了最表面的差别外，很难看出这一资本主义机制论究竟与"没有选择余地"这一口号有什么明显不同。

即使在主流话语之外，在那些知道自己对资本

---

[1] https://thebaffler.com/latest/this-brand-is-late-capitalism-connolly（上次访问时间 2020 年 12 月）.

主义不满的人中,也存在同样的问题。资本主义成了一个封闭不变的惯性系统。X、Y或Z之所以会发生,是因为这就是资本主义。情况或许真是这样,但这样的解释实属陈词滥调。作为有热情想改变世界、严肃地想改变而不只是遏制资本主义最糟后果的人,我们的确需要清楚知晓何为资本主义。这或许听上去像是无意义的学术练习:我们已经知道资本主义很糟了!为什么我们还要想明白该制度究竟是什么,以及它到底在哪些方面如此糟糕?但如果不了解资本主义的内在动态、其运作方式、它究竟如何影响着作为个人和整体社会层面的我们,我们就既无法理解也无法改变它。清楚资本主义很糟还不够,我们还要解释其中的原委和机理,这样才能设想出替代性方案并为之奋斗。

一种思考资本主义制度如何运作和如何影响我们的方法,是从"工作"的角度出发。这一角度之所以特别有帮助,是因为我们在资本主义制度下的工作方式并非意外,而是资本主义的根本特征。对我们中的大部分人而言,工作让上述两个有关"如何"的难题更容易在日常生活中得到回答。本章旨在为回答这两个问题奠定基础,也就是通过考察工作在资本主义制度中的位置和资本主义工作的特点及其历史特征,回答何为资本主义的问题。本章将探讨一种特殊的工作:服装生产。

时间里的针脚:服装生产的历史

我们在买衣服穿衣服时很少想到生产这些服装的过程消耗了多少精力和多少人的时间。我们中的大部分人对于布料的制作和衣服的剪裁、缝制及完工根本没有概念。我们与服装邂逅的方式,跟我们与其他待售商品相遇的方式一样,我们看到的只是终端产品:商店的设计,再熟悉不过的品牌方邮件,Instagram 上的赞助内容。而在这条产业链的另一端,通常是来自发展中国家,为生产布料和服装长时间工作的工人。

服装生产长久以来一直与女性有关。今天,世界范围内大多数从事服装生产的工人也是女性。[1]

---

[1] 在服装生产业中,85% 的从业人员是女性,参见 https://waronwant.org/sweatshops-bangladesh(上次访问时间 2020 年 12 月)。

其中大部分人的薪资几乎可以忽略不计——只有2%的服装工人有一份根据当地住房、温饱、教育和育儿成本来看,能够维持生活的薪水。[1]在古希腊,有女婴出生的家庭会在家门口挂上一束毛线作为标记。[2]荷马(Homer)在约公元前8世纪创作的《奥德赛》(*Odyssey*)中写到,等待丈夫平安归来的佩涅罗佩对追求她的求婚者说,在为奥德修斯的父亲拉厄尔忒斯织好下葬用的裹尸布之前,她是不会结婚的。佩涅罗佩每晚都会拆掉她当天织完的部分。这个聪明的办法大概是在暗示编织的性别维度,因为如果编织的技巧知识不是主要由女性掌握,那么这个办法就无法奏效。同样,在萨芙(Sappho)的笔下,单相思的痛苦让她不能再继续编织:"亲爱的母亲,我无法再让织布机嘎吱作响 / 对男子的渴望已经让我被纤细的阿佛洛狄特[3]击垮。"[4]

据我们所知,人类发明衣服的时间大约在4.2

---

[1] https://fashionrevolution.org/usa-blog/how-much-garment-workers-reallymake/(上次访问时间2020年12月).

[2] Kassia St Clair, *The Golden Thread* (London: John Murray, 2019), p. 13.

[3] 阿佛洛狄特、希腊神话中代表爱情、美貌与性爱的女神。——译者注

[4] Anne Carson, *If Not, Winter: Fragments of Sappho* (New York: Vintage, 2003), p. 203.

万至 7.2 万年前，衣服最初由动物皮毛和纺自植物纤维的布料制成，为人类在极端气温下提供保护。我们能认识到这一点是因为一件奇怪的事：在那段时期，头虱和寄居在人身上的虱子开始分离为不同的物种，并适应了他们各自不同的生存环境。而头虱既然能作为独立的物种存在，那么很可能是因为人类开始穿衣服了。[1]

人类最初发明和生产衣服所使用的技术大概是出于生理需求，但衣服成了公开展示权力、地位和身份的手段。在早期的人类社会中，衣服的制作可能是一项集体事务，而生产本身则是一种社交仪式。一些得以被留存下来的古老布料在中间部位有几股交错在一起的纱线，这表明肯定有两个人同时在制作这匹布料。[2]

需求很少是一件简单的事，即便是最基本的生理需求——这一点在史前社会也不例外，布料制作就是如此。需求的满足存在语境，这意味着总有一

---

[1] St Clair, *The Golden Thread*, pp. 25-6.
[2] Elizabeth Wayland Barber, *Women's Work: The First 20,000 Years* (New York & London, W.W. Norton & Company, 1994), pp. 23-4.

些方式比其他方式更合适或更受欢迎。这就是说,就连满足"简单"需求可能也要比我们想象的更复杂。此外,服饰还能发挥特定的社会作用——婚戒、舞会礼服裙、商务套装——更不用说连体工作服或防护服具备的功能性。服饰让人一眼就能看出他人的社会地位,而且几千年来一直如此。从历史上看,某些颜色或布料按照法律规定只能由特定群体穿着——例如,古希腊时只有女性才能穿戴黄色。禁止某些阶级穿戴特定布料或颜色的立法不断涌现,就是为了防止人们冒充自己根本不属于的其他社会阶层。

无论材料是羊毛、亚麻或棉花,织布都是一件耗费时间的工作。自然纤维要被纺成线,线再被织成布,然后布再被缝制成衣服。在人类历史上的绝大部分时间里,这一过程都是由手工完成的,而且通常是由个体家庭内的女性完成的。有些工作是为了家庭本身穿衣和布置的需求,有些则是为了赚钱或满足贸易需求。自15世纪以来,有原材料供应的英国工人在自己家中为商人生产用于销售的布料。1750年,纺织工作是女性中最常见的有偿工作形式。[1] 截至18世纪末，布料生产从家庭作坊转移至工厂。一系列技术创新和廉价劳动力——往往是童工——的出现不仅带来了布料生产的工业化，工厂规模也不断扩大。来自美国南部奴隶种植园的棉花取代了几个世纪以来占统治地位的羊毛，成为当时所生产的布料的原材料。到1850年代末期，英国进口的棉花中有80%来自美国，其中由奴隶采摘的原棉占当时美国出口总额的60%。[2]

尽管布料生产从家庭作坊转移至工厂，但衣服的缝制与加工基本维持在较小的规模，此类生产往往在小作坊或血汗工厂内进行，而不是黑暗的撒旦工厂。[3] 19世纪前，大多数人要么自己做衣服，要么改造二手衣物。富裕群体的衣服则由专人制作。但19世纪的两项进展加速了布料的生产。第一项是广为人知的新机器：据估计，美国的布料生产能

---

[1] St Clair, *The Goldeen Thread*, p.16.
[2] Ibid., p. 172.
[3] "黑暗的撒旦工厂"（dark satanic mills）指的应该是英国诗人威廉·布雷克（William Blake）1804年的诗句，抨击早期工业革命破坏了人与自然间的关系。——译者注

力在引入新机器后提升了 10 至 11 倍。[1] 今天所使用的将布料制成服装的技术与 20 世纪初相差无几。更具决定性意义的第二个因素，是标准服装尺码的出现。其中令人惊讶的是，这项创新是为了满足男性，即水手们的需求，他们在陆地上停留的时间很短，没时间等量身定制的衣服。19 世纪中期的战争加速了标准尺码的发展。尤其是对美国南北战争而言，以极快的速度为成千上万名男性提供衣服的迫切需要一方面推动了需求，另一方面也对供应进行了重组。在和平时期，这一新型的商业供应链转向了民用市场。[2] 越来越多的服装通过新出现的百货商店和邮购目录被推销给越来越多的人。虽然这并不是服装首次被用来展示身份，但这种可能性的大众化以及服装成为一项公共休闲活动的现实，却标志着消费历史和消费主义历史上的一次重要转变。

到 1900 年时，成衣所需要的制作时间大约是

---

[1] Nancy L. Green, *Ready to Wear and Ready to Work* (Durham & London: Duke University Press, 1997), p. 38.

[2] Ibid., p. 23.

手工缝制一件衣服的三分之一或一半。服装按季生产，我们冬天穿的和夏天穿的衣服完全不同，服装还根据新的流行趋势发生变化。由于每年有两个服装生产旺季，随后是淡季，生产受到季节性这一自然特征的影响，扩大规模因此变得更难。这让进一步的机械化或自动化难以被用于服装生产——若一年中有部分时间不使用机器，那么设备的前期成本只会变得让人更加望而却步。服装厂的车间因此也很小，这一点与生产布料的工厂差异很大。品牌方将服装生产外包给供应商，而供应商往往又会将生产进一步外包。处于这一链条底端的家庭佣工，需求旺盛时额外的工作，或服装上的配饰细节都是他们的工作。买方在价低的基础上才会签合同。由于前期成本低，买方依靠尽可能多地从员工那里压榨工作来获取利润。除此之外，还有工作本身的繁重与闷热。这一切就是"血汗工厂"（sweatshop）一词的来源。

　　大型服装生产最初聚集在发达国家。在如伦敦、纽约和巴黎这样的城市中，外来务工人员在小型车间内长时间从事低薪工作，这些车间通常位于雇主的居所内。而当纽约的服装工人开始组织起来反抗时,制造商将他们的车间搬到劳动力组织松散、劳动法不怎么严格的联邦州。转移服装生产十分容易:生产使用的机械、材料及终端产品非常轻便。随着市场向廉价劳动力开放,相关供应链随后扩展至其他国家。从1990年到2004年,在美国受雇于纺织业或服装制造业的员工数量下降了60%。[1]该类生产线被转移至加勒比海地区、墨西哥和中美洲,之后又被转移至中国及亚洲其他地区,尤其是南亚地区。

除了服装的季节变化和新一季的样式——这些都由时装企业决定,并由相关商业活动层层筛选——服装品牌对加速变换的服装设计、生产与销售潮流的反应速度也越来越快。为了能保证需要的速度,部分被外包的生产甚至被重新迁回发达国家。对极速快销时尚的需求将服装生产带回到像莱斯特(Leicester)这样的城市:小批量生产,在尽可能短的时间窗口期内完成运输和快递,在

---

[1] Ashok Kumar, *Monopsony Capitalism* (Cambridge, UK: Cambridge University Press, 2020), p. 68.

由某 Instagram 网红穿着一天之后，第二天便被送至客户的手中。从 2008 年到 2016 年，英国东米德兰兹（East Midlands）服装制造商的成交量增长了 110%。[1] 这让短供应链得以实现，一批服装从完工到待售仅需一周，但小规模的服装生产——大约 1000 件——虽然频繁却变幻莫测。业务往往被分包，有时是多层分包，这意味着工厂无法满负荷运转。只有剥削程度极高的工作条件，才能缓解不断降低服装生产成本带来的压力，其中包括伪造工资单来压低外籍劳工的薪水，向他们支付低于最低工资的薪酬（英国行业标准时薪为 3 英镑[2]）。除此之外，糟糕的工作条件还包括没有休息时间，没有雇用合同，对灵活性的过分要求，期望员工按订单停止或开始工作。不同的工作场所通常被隔开，不同组的员工薪水和灵活度要求也不一样，而这些往往与员工的移民身份有关。

---

[1] Nikolaus Hammer and Réka Plugor, 'Disconnecting Labour? The Labour Process in the UK Fast Fashion Value Chain', *Work, Employment and Society* 33, no. 6, December 2019, pp. 1–16, 6.

[2] Ibid., p. 10.

在价值链的另一端,需要推广的服装被寄给网红和明星。为打造消费者需求而付出的集体努力之大几乎令人难以置信;创造对新衣服的需求感需要大量的工作。网红推广的内容看上去毫不费力、令人信服,但背后隐藏着为销售在其他地方生产的商品所付出的巨大的情感和物流工作。

自由与被迫工作:资本主义的动力

令人恐惧的是,19世纪末从事服装生产的工人所面临的工作条件与今天的情况十分相似。厂房坍塌与失火、性骚扰、繁重工作带来的身体和精神上的折磨——这些故事即便跨越数世纪,也能立刻在工人之间引起共鸣。

从这一段算不上全面的简短回顾中,我们能够确定一些重要的历史转变。其中第一个转变就是服装的需求是如何得到满足的。就人类历史上的大部分时间而言,穿衣是通过市场之外的个人互动得到满足的——你给自己做衣服。这一需求随后才成为付费活动。而在工业资本主义制度下,服装生产并没有像布料生产那样进入工厂，而是部分转移至小作坊内，部分继续在私人居所内进行。

最重要的是，布料生产和随后缝制衣服的工作几乎完全靠有偿劳动来完成。虽说在工业资本主义出现之前，布料生产业和服装制造业中就已经存在有偿劳动，其中后者对有偿劳动的依赖度低于前者，但在市场中生产布料和服装，为了工资，以及为向第三方销售而生产的比例在这一时期发生了显著变化。商品不再由个人家庭生产，而是由市场上赚工资的工人生产。就布料和服装生产而言，工资要么是时薪，要么是按件付费。工人用工资购买其他商品、必需品和奢侈品。要实现这些，工人必须与生产资料分离。人是通过暴力的分离，在生产资料被强行剥夺后变成工人的，这不是什么人与人之间天然的交换倾向。此过程以不同的速度和暴力程度在不同类型的生产中上演着。第一次剥夺，也就是土地的剥夺，尤其暴力。如马克思所说，这种剥夺"是用血与火的文字被载入人类的编年史的"[1]。

1　Karl Marx, *Capital Vol 1* (London: Penguin, 1990), p. 875.

从旧有的封建主义桎梏中解脱后,工人能"自由选择"是否与雇主签订合同。工人能将其特有的技术和能力的使用权卖给任何买方。这种自由令人生疑,因为它是在胁迫之下进行的——如果你不选择"自由"签约,你就无法生存。当代英国的福利体系——至少部分是由20世纪的工人赢得的——意味着,只要你有能力驾驭该制度,并有资格获得福利(不是所有人都能获得福利),你就可以在没有工作的情况下(试着)生存。但该福利体系引入的各种限制、条件和缩减,意味着福利领取人面临着重返有偿劳动的巨大压力。雇用合同框架内的权力天平也有可能向雇主倾斜。1870年代中期之前,在没有雇主允许的情况下提前结束雇用合同的工人将面临牢狱之灾。[1]

资本主义依赖的是与生产资料分离,进入由合同制约的雇用关系中的工人。但资本主义对不自由的劳动的依赖与其对虚假的"自由"劳动的依赖一样多。资本主义工作需要价值链中不自由劳动与强

---

1 https://viewpointmag.com/2014/09/02/the-political-economy-of-capitalistlabor/ (上次访问时间 2020 年 12 月).

迫劳动的持续存在。以棉花生产为例,在美国南北战争前的18和19世纪,这一生产依靠的是奴隶制(chattel slavery),而今天依靠的则是对被监禁的劳力的剥削,在包括路易斯安那州州立监狱在内的美国监狱中,因犯们摘棉花只能换来微薄的收入,其中近80%的因犯是黑人。[1] 奴隶、无偿劳动和强迫劳动——这些徘徊在有偿劳动这一主导模式之外的劳动活动作为后者的前提条件发挥着作用;这样的外在反映了内在的可能性。

第二个转变因素来自资本主义雇主对雇员拥有的那种特殊权力。虽说我们不应该认为在资本主义之前有权势的群体不对生产进行监督,或者比如在一年的特定时期,工人不会承受以特定方式或特定速度工作的特殊压力,但在资本主义制度下,那些拥有生产资料的人拥有积累资本的动力,这就是被称为"利润动机"的资本主义根本特征。正如艾伦·梅克辛斯·伍德(Ellen Meiksins Wood)在她有关资本主义发展史一书中详细记录的那样,早期现代英

---

[1] https://theatlantic.com/politics/archive/2015/09/a-look-inside-angolaprison/404377/(上次访问时间 2020 年 12 月).

国的财产关系不仅通过确立这一剥夺状态导致工人群体的出现，而且"带来了不断激化的竞争、降低生产的成本效益、利润最大化、对资金盈余进行再投资，以及通过改善生产率系统地提高劳动生产力的欲望"[1]。这将雇主与工人置于一种政治关系之中（即与权力有关的关系）。雇主希望的利润最大化意味着他们会尽其所能压榨员工。这或许会导致多少带有暴力倾向的管理方法，如延长一天的工作时间，在未达到特定标准的情况下不允许员工休息或扣发其工资。压榨也可能激发试图将员工与雇主利益协调一致的软控制技巧，例如资历制度。当某一行业或某一地区无利可图时，这种压榨还可能意味着雇主将放弃该行业或地区，转而在其他领域寻找廉价劳动力。

这套关系以及它给工作带来的那种日常羞辱和压榨，就是作为社会结构的资本主义存在的主要方式。但当代服装产业中的多数主流讨论没有囊括或忽略了这一点，这些讨论倾向于关注少消费或更好

---

[1] Ellen Meiksins Wood, *The Origin of Capitalism* (London & New York: Verso, 2017), p. 94.

的消费模式这样的消费伦理。重视一系列与消费者有关的问题,却轻视工作和劳动权利方面的问题,这种做法的历史与服装产业本身一样悠久。1880年代,服装业外来务工人员在纽约血汗工厂中的繁重工作成了中产阶级间日益担忧的问题。但当时对这一目前已众人皆知的社会问题的回应之一,却是进行针对消费者的宣传活动。消费者联盟竭力宣传消费者的责任,并对来自血汗工厂的服装对身体健康的影响表示担忧。该联盟提出使用非血汗工厂服装(sweatshop-free clothing)这一特殊标签,该活动为一个多世纪后以消费者为主体的社会运动打下了基础。

与服装生产有关的问题大体上可被归纳为"灵活性"管理的迫切需求,或尽量压缩劳动成本的需要,以及随意雇用和解雇对利润的重要性。这些问题不能通过消费者改变需求方式的尝试来解决。外包模式让品牌和生产商能够回避责任。随着服装产业中与虐待有关的故事层出不穷,以消费者联盟为模式的新消费者运动也不断涌现。这些运动有时只是服装公司自己的营销活动。例如,有一家公司在其毛衣内缝上了让消费者能追踪毛衣所使用的羊毛来源及羊群近况的标签。如果考虑服装供应链本身，动物得到善待的权利要远高于工人获得的关注。此类行为的吸引力不难理解，购物让人们对其所购买的暴力感到内疚。消费者面对的是购物需求的模糊和自身相对特权带来的愧疚。提供商品生产信息，并（尽可能）移除产业链中的暴力成分，能安慰感到困惑的消费者。

但如果此类消费者活动无济于事，怎样做才有效呢？一种策略是通过准则与审计让国际机构参与其中。但由检查与最低标准构成的体系几乎无法改善情况。[1] 实际上推动改变的力量，源于工人的集体组织与构建起的自身力量。如阿绍克·库玛（Ashok Kumar）所言，"到目前为止，杜绝美国工厂火灾的是工人，不是雇主"[2]。

如今的消费者对于他们的衣服的制作过程和原料知之甚少。我们与服装和布料的关系在过去两百年间发生了天翻地覆的变化。我们从了解如何制作

---

[1] https://aflcio.org/sites/default/files/2017-03/CSReport.pdf（上次访问时间 2020 年 12 月）.

[2] Kumar, *Monopsony Capitalism*, p. 45.

布料和如何缝制与修补衣物,到连扣子都不会缝。这样的情况通常被描绘为一种衰退:我们不懂得珍惜我们拥有的东西,我们只会贪婪地不断购买我们不需要的东西。现实或许的确如此,但这样的想法忽视了工人视角下的生产史。此外,我们不应该假设我们的消费需求像资本主义一样是自然的、一成不变的。但这并不代表我们能轻松地放弃这些需求;相反,在营销、社会压力和对用消费表达身份的期待(与其他表达方式的匮乏)的共同作用下,我们觉得这些"需求"既急迫又深刻。打造新需求,是资本主义对增长的渴求的组成部分,这种渴求不仅创造出越来越多的商品和需求感,也扩展到全球越来越多的地方。

历史与神话

服装行业向我们展示了工作环境从家庭作坊到工厂的转变。工业化之前的生活并非如田园牧歌一般平静,也并非不存在剥削。可能除了更加依赖市场外,大多数人再也不会织布和缝缝补补也不是什么坏事。新技术与省时省力的生产过程应该是一件好事：问题在于谁拥有生产需要的技术，以及技术是为了谁的利益被开发出来并被投入使用的。目前，生产基础设施是为利润最大化服务的。员工的雇用条款及其工作内容由管理层决定。在工会化的行业内，工会能够就这些条款进行谈判，但员工很少能有机会自己决定工作内容。任何一名员工接手的任务性质、种类，甚至是数量通常也不在他们能控制的范围内。对找工作而言，运气与资质和技能一样重要，尤其是你出生的时代，到底是工作机会充足，还是像现在这样笼罩在零工经济日益占据主导地位并愈加严峻的阴云之下。这些威胁对年轻人来说尤为严重。新冠疫情期间，2020年6月至8月的失业人口中，60%是18岁至24岁的年轻人。[1]

目前看来，资本主义尽管危机重重，却似乎无法避免，非人为的巨大力量所带来的连锁反应仿佛能吞噬我们所有人。工作的叙事采用的就是这种毫无波澜的非历史方式。根据其中一种说法，也就是

---

[1] https://www.theguardian.com/business/2020/oct/13/uk-redundancies-risecovid-unemployment-rate-furlough-scheme（上次访问时间2020年12月）.

经济学家亚当·斯密（Adam Smith）的版本，人类具备"贸易、物物交换和交流的自然倾向"，而劳动分工和现代资本主义则是这一自然倾向顺理成章的结果。马克思在《资本论》中对这一源头神话进行了批判。人是被迫成为工人的，而非通过某种属于人类的、自然的交换倾向：资本主义的条件——资本积累和"自由"的雇佣劳动者的存在——是人类活动的结果。

根据另一种起源说，人类中的天才释放了普罗米修斯式的技术力量；一系列创新永远改变了社会。在这一版本中，我们面对的是从亚麻布这一古老产品到现代科技的不断飞跃，后者让你能只用手机对准某人的 T 恤衫就能买到同款。但这一飞跃不是由真实存在的人类驱动的，而是由科技。科技——这里指的是历史上有头有脸的大人物的个人发明（如今在斯蒂夫·乔布斯的影响下应该说"有脖有脸"[1]）——释放了崭新的力量，改变了社会关系，

---

[1] 原文"top-hatted"，即上流社会的人，是由"top hat"，即高礼帽，引申而来的形容词。而乔布斯的经典装束是黑色高领（turtleneck）毛衣，作者在此处使用了对应的"turtlrneck-ed"，意在点明乔布斯改变了上流社会的装束。因此翻译时用"有头有脸"和"有脖有脸"来体现其中的双关含义及对应关系。——译者注

带来了数量更多、规模更大的利润。普通人的真实生活在这样的叙事中不见踪迹。凭空出现的工厂就像是众神从天上扔下来的,而不是由实实在在的人建造的,运河从地里冒出来,庄稼也能自己照顾自己。

随着互联网扫除了传统市场中如物理距离、不同的地方规则等不完美之处,微软创始人比尔·盖茨创造了"零阻力资本主义"(friction-free capitalism)一词来描绘市场效率最大化的未来。无论这一令人欣慰的发展趋势是向未来或向过往的投射,它都掩盖了真实世界中实际存在的阻力。其中许多阻力来自被群体和个人的流动、思想或单纯由机会和偶然性塑造而成的人类活动。科技的进展有时并不顺利,也无法以成倍的速度得到改进,其使用方式取决于现实社会中的政治,尤其是现实工作场所中的情况。由于科技本身特定的复杂程度,或是因为科技依赖的娴熟技巧仍不达标,科技有时无法实现一项任务的机械化或自动化。

此外,科技的购买和维护成本可能很高。1990年代,大多数加油站前随处可见的自动洗车机由盛转衰,我们只须想想这一过程就能明白这一点。这些矗立在加油站前的机器最初开发于1970年代,取代它们的不是波士顿动力公司(Boston Dynamics)耀眼的新型机器人,而是人力洗车。[1] 由于机器的购买及维护成本高,数千家小型的人力洗车行纷纷涌现,并取代了机器洗车,其中许多洗车行没有营业执照,有大量证据表明外籍劳工受到了严重的剥削。这些外来工人穿梭于正规行业与非正规行业之间。根据非政府组织 Unseen 运营的现代奴隶制热线给出的数据,洗车业是最常被报道存在劳动剥削的场所之一。[2] 塑造我们工作方式的不仅是科技,现存的权力关系也参与其中。若劳动者手中没有多少权力,尤其是在低薪行业中,那么工作自动化的压力也就微乎其微。

将资本主义和资本主义工作视为人类活动,是一部与技术普罗米修斯说和斯密的交易人想象相对

---

[1] https://theguardian.com/commentisfree/2016/dec/12/mark-carney-britainscar-wash-economy-low-wage-jobs(上次访问时间 2020 年 12 月).

[2] https://publications.parliament.uk/pa/cm201719/cmselect/cmenvaud/981/981.pdf(上次访问时间 2020 年 12 月).

立的历史。这一叙事的重点是资本主义作为社会组织方式的独特之处：在这种组织方式中，人的需求由市场满足并塑造。这种方式的前提是生产方式与生产者的分离，而这一分离创造并维持着对余下的社会生活进行塑造和制约的一套权力关系。所有权的这些调节机制支撑着资本主义，但自然中的偶然性也影响着资本主义，比如季节性的事实意味着服装生产中存在淡季，或是木材的纹理和质地与室内家具要求的细节共同决定了整个19世纪常见的家具生产方式是手工，而非工业或机械化生产。[1]

原始积累和上述那种早期剥夺的暴力可能已经式微，但从未消失。除了"自由"合同工在资本主义中的中心地位以外，今天被奴役的人比历史上任何时候都多。另外，大多数世界人口（60%）从事非正规或灰色行业，不受合同雇用关系的限制，[2]而正规行业中同样存在直接与间接的暴力，虽然其

---

[1] Alexandra Armstrong, 'The Wooden Brain: Organizing Untimeliness in Marx's Capital' *Mediations* 31.1, Fall 2017, pp. 3–26, 7.).

[2] https://ilo.org/global/about-the-ilo/newsroom/news/WCMS_627189/lang--en/index.htm（上次访问时间2020年12月）.

严重程度通常低于前者。美国历史学家兼作家斯塔德·特克尔（Studs Terkel）在他1974年发表的《工作》（*Working*）一书中收集了普通美国人的工作日常。他在书中开篇写道，"这本有关工作的书，究其本质，是一本有关暴力的书"[1]。现在你手中的这本书也是如此。

本书不接受主流政治评论员嘲讽般批判资本主义时使用的循环论证——一切都是资本主义的，因为一切都是资本主义；一切都很糟，但我们基本上无能为力。相反，这本书一方面希望能对可以称得上是资本主义工作特征的暴力作出解释；另一方面希望将这一暴力置于政治关系、人类行为主体和活动的框架内。简而言之，本书关心的是究竟如何才能改变这一切。

1　Studs Terkel, *Working* (New York: Ballantine Books, 1974) p. XIII.

2
质疑"工作"

用来换取劳动力的资本被转换成必需品,通过消费这些必需品,现有劳动者的肌肉、神经、骨骼和大脑得以繁衍,新的劳动者由此诞生。[1]

——卡尔·马克思

无家可归是一种能被接受的耻辱,辛苦乏味的工作是另一种。但另一方面,出卖身体是每个人自己的事。[2]

——维吉妮·德庞特(Virgine Despentes)

---

1 Marx, *Capital*, p. 717.
2 Virgine Despentes, *King Kong Theory* (London: Fitzcarraldo, 2020), p. 55.

被资本主义剥夺的工人能"自由"出售他们的劳动力,但他们的劳动力从哪里来:他们靠什么维持他们的工作能力?也就是他们的身体和生理需求,让他们能起床上班,下班回家,第二天周而复始,以及能让无产的工人阶级一直存在的需求?一种方法是通过工资和市场:租房或买房,采购食物,支付某些服务。但有些需求无法通过工资在市场上得到满足,或者说只能部分得到满足或有时得到满足。在某些情况下,让工人的劳动力得到再生产,让他们能继续新一天工作的可能是国家。由国家协调的活动可能多少带有强制性和暴力,例如教育系统、医疗系统和福利与津贴系统。国家往往对两种情况感兴趣:一是确保劳动力长期存在,如终生劳动;二是在工资和市场不足以满足再生产需求时介入,以防出现最严重的危害。此外还有另一种活动,一种已经被自然化(naturalise),看上去似乎与资本主义毫无关系的活动,该活动仅被视作资本主义之外的庇护所,而不是资本主义的重要组成部分。这就是家庭中通常由女性承担的无偿工作。这第三种活动——家务劳动——一直都是女性主义讨论的主题，也是女性主义运动的源泉。女性主义在理论与实践层面上的动员，对"工作"这一范畴或概念本身提出了质疑。

在审视这段历史和对何谓"工作"的其他挑战作出回应前，我们有必要花点时间来捋顺语义上的一些线索。"工作"（work）一词能被用来形容任何形式的活动。其中有些活动似乎除了耗费精力（effort）之外几乎没什么共同点：我们可以改善自己（work on ourselves），在某个特定地点上班（work in a particular location），我们从事的可能是有偿的，也可能需要一个类似于"志愿"（voluntary）的前置修饰词，有些人我们会形容为难伺候（hard work）。[1] 布兰妮·斯皮尔斯（Britney Spears）2013年的歌曲《恶女向前冲》（Work Bitch）[2] 成功捕捉到"工作"一词的大多数典型用法：为"火辣的身

---

[1] "work"的含义除"工作"外还包括"做、劳动、操作、加工、奏效"（动词）及"活儿、任务、劳动成果、作品"（名词）等较为广泛的含义。由于本书讨论的是工作，因此一般使用"工作"这一翻译。但此处"work"的意思明显不限于工作，例如"work on ourselves"中，"work"表达的是"努力"的含义。——译者注

[2] 按字面义和本书讨论的主题，将歌名中的"work"翻译为"努力吧"更恰当。——译者注

材"努力（即耗费体力来提高身体素质），为买辆"布加迪"、"玛莎拉蒂"、"兰博基尼"或买栋"大别墅"而努力工作（即通过有偿工作赚钱）。[1] 上述两种"工作"含义间的模糊区别，让我们注意到存在于这首歌中的第三种可能的"工作"含义，即消耗有具体性指向的精力（a sexualised embodied effort），它督促听众"像对待你的职业那样努力练就火辣身材"。这种努力代表的是一种特定的身体活动，为让身体更具吸引力，为让舞蹈更诱人——但这不过是一首歌罢了。布兰妮的歌将"工作"宽泛地概括为，为了不同目的而付出的努力，在这一背景下，狭义的工作定义渐露端倪。

"工作"可能是极其笼统的，几乎可以被视作"耗费精力"的通用表达方式；但这个词同时也可能很有针对性，用来指代有偿工作、工作场所或一份差事。这意味着同一种活动既可以是，也可以不是工作，这完全取决于进行该活动的实际情况。因此，在别人家擦地板，只要收费就是工作，但如果

---

[1] 将"working for a hot body"中的"work"译为"努力"的原因，参见本书第54页注释。——译者注

是为了保持自己家的整洁，就不是工作，至少在狭义上确实如此。同理，在 Instagram 上上传照片、编辑说明、回复评论等事情，只要是你利用自己的时间做的，就不是工作，但如果是为了完成管理某公司的社交媒体账户这一任务，或者可能是因为你本人就是一名为品牌发布赞助内容的网红，那么上述事情就是工作。同样的逻辑也适用于打游戏，游戏既可以是单纯的休闲活动，也可以是狭义上的工作。虽然休闲与工作常常互相对立，但有人指出现代资本主义让这两种曾经井水不犯河水的活动变得水乳交融，我将在第 6 章探讨这一话题。

有两个概念与"工作"联系紧密：劳动（labour）和劳作（toil）。这两个概念均指代特别辛苦的工作，尤其是体力工作、苦差事。前一个概念还有另一层含义，即对工人的统称。[1] 与这两个概念不同的是，工作不一定让人筋疲力尽——就其所需的精力而言，"工作"没有明显表达出需要多少精力，尽管工作往往是需要一定的精力的。就连最广义的"工

---

[1] "labour"既有"劳动"的意思，也有"工人，劳工"的意思。——译者注

作"也不会把坐着什么都不干或休息描述成工作，除非是为了某些十分特殊的目的。

但这本书要探讨的不是一般意义上付出的努力，也不是一般意义上的工作，而是资本主义制度下的工作。值得注意的是，"工作"一词在语义上的模糊——广义或对"工作"的一般使用将其理解为"耗费精力"，而狭义的使用指的则是"对精力的有偿消耗"——反映出的是，有偿活动及作为其前提条件通常是无偿的再生产活动之间的鸿沟。

隐秘之处中的隐秘之处

卡尔·马克思最著名的身份是资本主义批评家，但其批评的核心也包含了彻底改变工作这一绝望的恳求。他认为，创造力活动和集体活动是人表达自身和塑造世界的途径。但资本主义工作扭曲了这一天然的倾向，让它变得面目全非。他认为他身边的工作很糟，不只是因为工作环境嘈杂危险，或薪水低和工作时间长。工作的问题对他而言是根本问题：在资本主义制度下，人因工作变得畸形。资本的力量贪婪无比，它吞噬属于人的一切，吸食着社会的生命之源。马克思的见解强而有力：我们的工作让我们觉得自己像被吃干嚼净后吐出来的残渣，累到除了满足最基本的需求外，再也没有一丝精力。

为了能充分说明这一点，马克思驳斥了主流经济历史叙事中，认为人类天生的交换倾向将逐渐渗透现代劳动分工的童话故事。[1] 这一神秘的历史叙事抹去了资本主义和工业资本主义初期阶段的暴力。针对这一点，马克思将目光从交换投向生产，向我们展示了资本主义的"隐秘之处"。[2] 在马克思的论述中，工人为了工资交换劳动能力，这种交换的"自由"令人生疑。劳动能力源自何处？劳动能力本身是如何被生产出来的？要想回答这个问题，我们需要将焦点从马克思转向研究隐秘之处中的隐秘之处的女性主义理论家。

要对劳动能力进行再生产，要让工人能在第二天重返工作，就需要满足一系列最基本的生理和心理需求（食物、居所和舒适度）。其中有些能通过

1　Marx, *Capital*, Chapter 26, p. 873.

2　Ibid., p. 279.

工资支付在市场框架内得到满足，比如付房租和购买已经烹饪好的食物。但正如女性主义理论家所指出的，这并非现实的全貌。但社会再生产环节中相当大的一部分需求不是通过市场得到满足的，而是通过女性在家中的免费劳动。市场与非市场的社会再生产间的具体比例取决于发生这一再生产的社会的具体情况，取决于家庭和家庭结构间的差异，取决于国家的角色，以及由社会决定的、超过最基本需求的那些需求是什么。

女性主义社会再生产理论认为，不够重视社会再生产的内部情况——尤其是无偿家务劳动——让我们忽视了剥削与政治斗争的一个潜在关键领域。尽管各种社会再生产理论在无偿家务劳动剥削是否产生了利润，家庭妇女的社会角色在多大程度上决定了女性的整体社会地位这些问题上众说纷纭，但各方均一致认为反对资本主义的人需要在理论和实践层面上正视无偿工作这一特殊领域。

有关家务劳动的讨论

20世纪中期,女性对家务劳动的不满迅速发展成公共意识。这份工作几乎全由女性承担,而且她们几乎没有得到任何认可。家务劳动很孤独,你一整天都是一个人在家;而且这份工作的实效性可能会让人感到特别沮丧,你刚擦完的物品用不了几小时就又脏了。这种个体化的痛苦虽得以被公开,但不同的女性主义传统为家务劳动这一问题(根据性别对单调乏味的工作不公平的分配)提供的解决方式却有着显著区别。自由主义传统强调女性个体因被排除在主流劳动力之外而受到的伤害,以及城市女性作为妻子的生活给自身带来的心理障碍。改善女性进入劳动市场的途径或提供其他家庭以外能带来认可的潜在场所,都是有代表性的办法。这种方式通常结合了市场解决方案,如通过雇保姆和清洁工来降低女性个体做家务和带孩子的时间,为女性就业扫除障碍,如提供更好的公立儿童托管服务、打击性别偏见和为女性提供教育与培训。在某些情况下,自由主义传统鼓励男性平等承担家务劳动。

这种思路倾向于关注女性作为个体的流动性和她们进入有偿劳动市场的能力，并想当然地认为有偿工作能够带来满足感。

对家务劳动的问题的第二种回应认为，家务应在理论和实践层面上进行社区化改革。根据第二种思路，家务劳动的影响尤为糟糕，因为家务是孤立的、不必要的重复劳动，每家每户都要自己洗衣服、做饭等。社区托儿所、女性主义团体和社区食堂能减少每位女性的负担，让她们能与其他女性进行可能的政治交往。1970年，英国女性解放运动在其于牛津举办的第一届大会上提出的头四项要求之一，就是提供免费的24小时托儿所。[1] 一些社区共享化的服务源于草根阶层，其政治导向也是反政府的，在这种情况下，尽管她们要求获得公共资金，但她们并不打算从社区的手中交出这些服务的控制权。安杰拉·戴维斯（Angela Davis）也赞同这一看法，她指出，就家务劳动这一问题而言，在家中

---

[1] https://bl.uk/sisterhood/articles/womens-liberation-a-national-movement （上次访问时间 2020 年 12 月）. 其他三项要求（同工同酬，平等的教育和就业机会，免费避孕和按需堕胎）均已实现或被部分实现。

公平分担家务的应对方式并不合适,但她提出的方案不是在本地对家务劳动进行共享化改革,而是要求对家务进行工业化和社会化改革。在她于 1981 年发表的《女性、种族与阶级》(*Women, Race and Class*)一书的最后一章"即将被淘汰的家务劳动"中,她写道,"家庭妇女在家里的工作中的很大一部分其实能被并入工业化经济。"[1] 她强调,这种转型——让家务成为社会整体的责任,而不是女性个体的负担——只有在政府提供补助,确保工人阶级家庭能够受益,以及非生产性工作的规模扩大在经济上可行的情况下才可能实现。[2]

第三种家务劳动问题的解决方案引发的争议最多,时至今日依然如此。改善女性个体生活境况的第一种方案虽然已部分得以实现,但男性花在家务上的时间仍比女性少几个小时,而对家务劳动进行社会化改革的第二种方案则已基本被遗忘,我将在第 9 章详细讨论其中的原因。第三种方案与第二种

---

[1] Angela Y. Davis, *Women, Race & Class* (London: Penguin Classics, 2019), p. 201.

[2] Ibid., p. 209.

的共同之处在于，两种方案的拥护者往往对社区化或部分社区化家务劳动的倡议表示支持。但拥护第三种方案的人在此之外还提出了一个特殊的要求：为女性在家中的工作支付薪水。他们认为，女性在家中的工作创造了价值，因此应该得到认可。

女性要求"为家务支付薪水"（wages for housework）的运动在 1972 年于意大利兴起后，迅速传播至英国、美国、加拿大和德国。这种提出政治要求的方法比较不同寻常，因为要求的具体内容——工资——没那么重要，重要的反而是通过提出这一要求期望取得的成效。[1] 其中最关键的一点是家务也是工作这一主张。这意味着，家务劳动与有偿工作一样具备剥削的性质（以及家务工作的其他额外危害），家庭妇女本身也是工人阶级的一部分，她们的斗争不仅仅是为了改善某些群体的利益，而是工人阶级斗争的组成部分。这一要求针对的是由男性主导、对女性几乎不闻不问的左派大男子主义。

---

[1] 相关讨论，参见 Katrina Forrester, 'Feminist Demands and the Problem of Housework', forthcoming.

马克思对资本主义工作的天然性提出了质疑：资本主义工作体现的不是人的自然属性，而是具体历史时期的暴力组织方式；像马克思那样，参与"为家务支付薪水"运动的女性试图证明，女性在家从事无偿劳动并非出于女性天生的任劳任怨，而是靠直接和间接的强迫维持的剥削。正如西尔维娅·费代里奇（Silvia Federici）在 1975 年记述的那样："家务劳动不仅被强加在女性身上，而且还摇身一变，成了我们女性生理与人格的天然属性、内在需求和生活目标，被认为是源自我们女性的深层特征。"[1]

女性主义事业在一定程度上是一种质疑这类"天然说"的方法。对女性主义而言，以"事情就是这样"或"人天生如此"为由的理所当然，才是要被解决的问题。家务劳动体现的就是这种态度，年轻女孩之所以擅长家务是因为她们多年来被迫接受了这方面的训练。如果我们并非生来就是女性，而是在后天塑造之下才成为女性，那我们也不是天生的家庭主妇，而是被塑造成这副模样。

将家务视为工作，意在去除家务的天然属性

1　Silvia Federici, *Revolution at Point Zero* (Oakland: PM Press, 2012), p. 16.

（denaturalise），从而拓展政治可能性的界限，并将家务囊入政治斗争的领域。要实现这一转变，那些提出和倾听诉求的人需要对工作形成某种特有的理解，并对此达成一致。若无法像家务运动最初的语境中那样将工作视为有害的、应被拒绝的，那么将某件事称为"工作"可能就仅仅意味着要求认同或补偿，而不是寻求变革。将某活动描述为"工作"时，相关陈述不仅对该活动，也对"工作"下了论断。当我们要求某件事应被理解为工作，并像工作那样被对待时，我们同时也在定义何为工作。"为家务支付薪水"运动将家务描述为像工作一样可被剥削的劳动，让家庭主妇成了劳动者，也就是说，成了重要的政治主体。该运动在质疑"工作"的同时也在质疑"阶级"。

女性主义理论的历史与女性主义运动的历史错综复杂。我们或许能够在不接近整个运动清晰全貌的情况下澄清各种不同的头绪。但任何与历史有关的重现可能都是片面的，总会在展现某些细节的同时掩盖其他方面。我并不主张这段历史是女性主义对家务进行反思的唯一起源，我只想指出，这段历史尤其有助于说明女性主义去天然化（denaturalize）的运动是如何影响家庭和家务观念的。正如安杰拉·戴维斯等人论述的那样，"为家务支付薪水"运动提供的角度并不总是能够让我们理解发达世界中黑人女性因种族身份受到的待遇，而且该运动往往将发达世界中某些国家的家务安排情况一般化为普遍状况，尽管全世界家务劳动的实际情况千差万别。鉴于此，包括费代里奇在内的一些家务薪水论的理论家修正了其立场，以便能更好地顾及黑人女性被剥夺家庭及家庭生活的经历。费代里奇将这一重估解释为从"拒绝家务"向"让家务变得有价值"的转向。[1]

考虑到自 1970 年代以来女性生活和经济的重大转变，对"为家务支付薪水"运动进行重估也是必要的。整体上，家庭的角色与以往相比有所改观。如果说家务是工作，那家务就是在完全不同的条件下完成的工作。此外，在某种意义上，女性在家务劳动方面通过某些福利措施获得了（不够好的）补偿。家庭主妇与厨房分别是社会再生产的传统主

1　Federici, *Revolution at Point Zero*, p. 1.

体与场所。但在当代社会中,社会再生产同样有可能发生在便宜的快餐店里,通过外卖,与被拉长了的情感供应链紧密相连——工人阶级的移民女性离开她们的祖国去发达世界打工,留下更贫困的女性照料她们的孩子。社会民主机构的破坏——人类社会生活中越来越多的领域面临利润的压榨——以及薪资停滞不前和工时的延长,意味着社会再生产已经脱离家庭。从麦当劳到找保姆的平台应用程序,社会再生产已经走出了私人家庭,却仍保持着私有化和为盈利运作的模式,而且其中一些往往是剥削情况最严重的工作实践。这些典型转变代表了过去四十年来,工作条件和资本主义本身的变化。这些变化给家庭带来了巨大的压力,尤其是对家庭中的女性成员而言,她们被留下填补力不从心的福利国家留下的缺口。

为法律认同而战

改变工作的理念,质疑什么才算"工作",也是一个法律问题。一些活动在政府的眼中是工作,但另一些活动即便有偿也不算工作。对法律而言，工作是雇主和雇员或工作者通过权利和责任被捆绑在一起的特殊法律实体。[1]这不是平等双方，而是无论权力大小和种类都极其不对等的双方之间的合同。但这样的合同的确为雇员提供了保护，包括获得书面雇用细节的权利、列出明细的工资单、最低工资、产假、合理的休息时间和带薪病假。尽管这些权利并不牢靠，有时就算会面临诉讼还是会被雇主忽视，但拥有这些权利总好过得不到法律的帮助。因此，目前许多劳工运动的重点是在法律上为特定活动争取被视为工作的认同。其中最主要的是由性工作者组织的运动，该运动旨在为性工作者寻求安全保障，包括通过合法化性工作来保障其合法权利。

将性工作视为工作的论点有时依赖的是对工作的描述，这样的描述往往强调技能，尤其是工作牵扯的情感技能。排斥性工作者的女性主义者认为，性工作不应被视为工作，因为这将意味着淡化性工

---

[1] 英国法律将雇员（employee）和工作者（worker）进行了区分，两个群体虽都由企业雇用，但雇用企业的法律责任并不相同，参见 Employment Rights Act 1996: https://legislation.gov.uk/ukpga/1996/18/part/XIV/chapter/III （上次访问时间 2020 年 12 月）。

作所代表的女性遭到的暴力,[1]这样的论述同样指向一种对"工作"的特定理解;具体而言,就是假定工作中不会出现暴力和强迫。与这些基于道德词汇对工作进行分析的方法形成反差的,是朱诺·马克(Juno Mac)和莫莉·史密斯(Molly Smith)从政治战略的立场出发,认为将性工作视为工作,对性工作者来说,是确保其安全和使其有能力组织起来的最佳方法。[2]与"为家务支付薪水"的运动所采取的立场一样,马克和史密斯将性工作者的组织动员带入了工人阶级斗争的历史和未来语境中:从埃塞俄比亚的性工作者加入埃塞俄比亚工会联合会,并参加1974年推翻政府的罢工,到法国和英国占领教堂的运动,再到今天为了从政府和劳工运动中获得法律认同和政治认同所进行的斗争。[3]通过让有关工作的讨论所使用的术语脱离自由主义论述中的选择和赋权(empowerment),马克和史密

---

[1] Andrea Dworkin, "Prostitution and Male Supremacy", *Michigan Journal of Gender and Law*, Volume 1, Issue 1, 1993, pp. 1-12.

[2] Juno Mac & Molly Smith, *Revolting Prostitutes* (London & New York: Verso), pp. 3-4.

[3] Ibid., p. 7.

斯对性工作概念中的工作做了激进化处理。[1]

寄养看护近来也寻求在政治和法律上获得工作的认同，并取得了些许成功。英国个体劳动者工会（IWGB）的寄养看护分支于2020年8月在一项雇用诉讼裁决中取得了里程碑式的胜利。根据法庭裁决，寄养看护人是市政雇员，理应享有就业方面的权益。这份裁决巩固了他们争取最低工资、带薪休假和在举报揭发后得到保护的能力。[2]

其他地方工会则要求在法律上将劳动活动均视为雇用关系，而不是个体户，这一点有时颇具说服力。例如，2016年，法庭裁决认为，由GMB工会代表的优步（Uber）司机群体不是个体户，应该享有包括最低工资保障和带薪休假在内的员工权利。[3]这项裁决可能会使企业更难通过逃避其对员工的责任来削减成本，尤其是靠零工经济运

---

1 Ibid., p. 218.

2 https://iwgb.org.uk/post/landmark-legal-victory-opens-door-to-worker-rightsfor-uk-foster-carers（上次访问时间2020年12月）.

3 https://theguardian.com/technology/2016/oct/28/uber-uk-tribunal-selfemployed-status（上次访问时间2020年12月）; https://supremecourt.uk/cases/uksc-2019-0029.html（上次访问时间2020年12月）.

营的企业——约500万人从事零工经济。优步对该裁决提起上诉,但上诉法院维持了判决。2021年2月,英国最高法院裁决认为优步司机确为优步雇员,这与优步的立场相左。[1] 2020年10月,优步花了两亿美元推翻了加利福尼亚州一项类似的法律,这是美国历史上所有无记名投票活动中开销最大的一次。[2]

优步和其他雇主宁愿如此砸钱也要保证劳动活动不会被合法地视为工作,这表明企业已经准备好花大力气来避免支付法律要求它们支付的最低工资。不为看护人员往返不同工作地点之间的通勤时间支付薪水,也体现出企业满足于通过压榨劳动力来削减成本的做法,这一点在看护行业中尤为典型。2020年夏,另一项具有里程碑意义的裁决认为,家庭护理人员——该群体主要是通过零工时合同被雇用的黑人女性或少数族裔女

---

1 https://www.bbc.co.uk/news/business-56123668(上次访问时间2021年3月).

2 https://theguardian.com/commentisfree/2020/nov/12/uber-prop-22-lawdrivers-ab5-gig-workers(上次访问时间2020年12月).

性——有权要求雇主为其不同预约间通勤和等待的时间支付薪水。该群体此前实际到手的薪水还不到最低工资的一半。[1]

对"工作"定义的争论不只是枯燥的学术讨论话题。这些定义能决定受到不公待遇的人的法律权利。当定义涉及的是政治方向的斗争时，这些定义能够决定左派的注意力——在实践中和理论层面上——会被导向何方。在与女性有关的工作中，错误的认识很常见，这是因为这些工作被认为源自女性的"天性"，被视作理所当然，被剥夺了其自身的价值。

工作的概念蠕变

自从"为家务支付薪水"运动拓展了"工作"的范围以来，许多其他通常不被视为工作的活动也被描述成工作。[2] 这种重新贴标签的做法

---

[1] https://unison.org.uk/news/2020/09/government-urged-act-major-minimumwage-win-homecare-workers-says-unison/（上次访问时间 2020 年 12 月）.
[2] 政治学者和思想史学者卡特里娜·弗雷斯特（Katrina Forrester）将该过程形容为"工作的蠕变"。

通常是受到了社会学家阿莉·霍克希尔德（Arlie Hochschild）的启发。霍克希尔德1983年的著作《心灵的整饰》（*The Managed Heart*）描写了某些工作如何需要员工管理自己的内在情绪状态。例如，空姐必须表现出某种特有的举止，就算她刚刚遭遇父母双亡或飞机即将坠毁也不例外。正如你能想象到的那样，这需要情绪上的代价。这种精力所代表的理念——"情绪劳动"——已经见诸各种有偿或无偿的活动。比如，美国记者杰玛·哈特利（Gemma Hartley）将女性要记得别人生日和购物清单的精神压力形容为"情绪劳动"。在其他领域，解释政治理念、发推、为朋友或伴侣提供支持也被描述为"情绪劳动"。

我们很难确切地知道这些借"工作"之名的说法到底在暗示什么。在某些情况下，这些要求似乎是为了补偿。而在另一些情况下，似乎又是为了认同和对以性别为标准的、不公的劳动分配进行再分配。大体上看，这些说法中隐含的意图似乎在于证明相关活动是需要花费精力的，即便有时这些精力不为人所知。对事关社会公正的讨论而言，让因被

"天性化"从而在人们眼前消失的事重见天日能产生既有利又有益的影响,但我认为"工作"的概念并不总是有助于这方面的讨论,至少在没有进一步说明的情况下的确如此,因为对"工作"的含义缺乏明确的认识会带来各种各样的困难。霍克希尔德同样对拓展"情绪劳动"概念的做法予以拒绝。[1]

虽然这并不等同于工作的范式对这类情况而言没有借鉴价值,但从表面来看,作为阶级的资本家确实通过一种特殊的活动——工作——从作为阶级的劳动者的经历中营利,这意味着资本家与劳动者之间存在一种特殊的政治关系:前者能控制、操纵、监视后者,并对其表现进行管理。尽管家庭中的无偿社会再生产劳动与有偿劳动拥有相似之处,但这种直接的权力关系并不存在。

社会再生产理论让我们能了解不同的社会和不同的资本主义剥削体系是如何对自身进行复制的。该理论和其他对"工作"本质和地位的争议,是对马克思工作理论的重要批判性补充。人们很容易想

---

[1] https://theatlantic.com/family/archive/2018/11/arlie-hochschild-houseworkisnt-emotional-labor/576637/(上次访问时间 2020 年 12 月).

当然地认为，如果能在马克思的理论中找到某些貌似漏洞的地方，就意味着其理论因此站不住脚：比如，由于对XYZ的陈述站不住脚，所以他的理论就不再适用。右翼批评家在这方面乐此不疲，每页都要加一句醒目的"其实呢……"，或者更含蓄的做法是把这句藏在脚注里。但现实是，没有任何一种理论是一成不变的，或者说没有任何一种理论应该被当作是一成不变的。指出某些现象不存在和断言整个理念摇摇欲坠是两回事儿。我们从以往的思想家那里继承的是批判的理论框架、诊断社会顽疾的方法和治疗顽疾的途径——这既适用于理论层面，也适用于实践层面。

3

新工作的悖论

在工作的历史与形象中,尤其是就工人阶级的工作而言,一种特有的工作方式格外引人注目,这种工作的特点是传统、稳定、以生产为基础,通常是终身雇用制,20世纪中期在部分发达国家较为常见。在我们的想象中,该群体是穿着蓝色连体工作服,在生产线上像机器一样移动的男性,无聊的生活将他们团结在一起。这种工作及以此为中心而形成的社会,通常被称为"福特模式"(Fordism),这一命名源于亨利·福特(Henry Ford)汽车生产厂中的先锋实践。福特模式不仅代表了技术革命——其生产线不单是中立的基础设施,也是控制的技术。福特的原则是,"他(也就是生产线上的工人)必须充分利用每一秒[去完成工作],不能有多余的任何一秒"[1]。

工人的每一个动作都被规划与衡量,工人的身体就像他们操作的机器一样克制。生产线的速度由上层决定,工人放缓或提高工作速度全由生产线决定。1960年代晚期,历史学家罗纳德·弗雷泽(Ronald

---

[1] 摘自 Huw Benyon, *Working for Ford* (Wakefield: EP Publishing Ltd., 1975), p. 18。

Fraser)整理了各行各业工作者的个人陈述,从家庭主妇到议员,从工厂工人到泥瓦工,甚至还包括一名神父。在涉及生产活动的调查对象中,占主导地位的情绪是乏味无聊。下列叙述颇具代表性:

> 我的工作完全自动地出现在我面前,就像一台自动操作装置〔……〕但在我的脑海深处,我从未停止工作。它有自己的生命。有些人称之为做梦,如果真是这样,那我每周五天,天天都在做梦,〔……〕整个流水线上的工人都这样做梦。流水线就像是陈列着一台台被困在梦里的机器人的展馆。[1]

一名烟草厂的工人这样写道:

> 工厂工人出卖的是时间:不是劳动力,不是技能,而是时间,单调乏味的时间。与周末转瞬即逝的每一秒相比,工厂中孤寂的时间走得如此缓慢。星期一的早晨始于一声叹息,一

---

1 'On the Line', Ronald Fraser (ed), *Work: Twenty Personal Accounts* (Harmondsworth: Pelican: 1968), pp. 97–8.

周中剩下的工作时间就是用来期盼星期五的夜晚。每个人似乎都希望自己的生命能消失不见。而生命的确也消失了——被卖给了戴高礼帽的男人。[1]

福特模式不仅是某一历史时期的代名词,也是以流水线为主导的这种特定的大规模工厂工作的代名词。1930年代,意大利马克思主义者安东尼奥·葛兰西(Antonio Gramsci)对"福特模式"的早期使用使其得到普及,但最符合该术语内涵的其实是从"二战"结束后到1970年代,大规模标准化生产繁荣发展的那几十年。福特模式通常被夹在泰勒模式(Taylorism)和丰田模式(Toyotism)之间。泰勒模式是对工作场所进行科学管理的项目,工人的一举一动都要被衡量。泰勒模式的拥趸不仅包括列宁、美国工厂主和富人,还有城市里的家庭主妇。而丰田模式推崇的则是简约或"刚刚好"的生产方式,这种方式寻求杜绝流水线上和生产过程中(对时间、原料、货品)的浪费。但无论是哪段历史时

1　Ibid., p. 12.

期，这些主义都不应被视为唯一存在的生产体系，更确切地说，它们是在其所属时期占主导地位的状态或趋势。

对工人来说，福特模式包含了一个赌注。作为对一周五天，每天八小时的无聊工作的交换，工人们拥有较自由的周末——他们只有工作才能生活——和明确的劳逸之分。当然，尽管这种类型的工作可能是在文化上占主导地位的雇用模式，但对很多人来说，这并不是他们的现实。女性仍被职场排斥在外，更不用说英帝国通过非法占有和压榨强加于其臣民的剥削。

在罗纳德·弗雷泽整理出的口述中，一名家庭主妇提到了她所从事的那种工作中固有的乏味无聊：

> 我不光要做一些没什么努力价值的工作，而且做这些工作主要就是为了保持本来应有的状态——比如打扫卫生，无论是物的卫生还是人的卫生，做完并不意味着结束，而是又要从头再来，就像我之前耗费的精力毫无意义，第

二天、甚至是几小时内又要再打扫一遍。社会把这种保证东西不会变脏、不会有人因此生病的任务交给女性,这给人一种极其负面的感觉。[1]

"新工作"

福特年代的乏味,是我们评判其他工作形式的标准,而1980年代对新工作形式的期待让这一标准遇到了劲敌。如果说福特式工作的特点是按部就班、等级分明、思维麻木、机械化、只给工人的余生分配一项任务——有时甚至是一个动作,那么"新工作"承诺的就是灵活性、刺激、快节奏、以团队工作为基础和丰富多彩。社会学家理查德·桑内特(Richard Sennett)对"新工作"的工作伦理作出了这样的描述:"新工作赞赏的是善解人意;它要求我们拥有像善于倾听和团队精神这样的'软实力';最重要的是,团队合作强调的是团队对环境的适应力。"虽然这种灵活性表面上看颇具吸引力,

---

[1] Ibid., p. 150.

但"新工作"缺乏某种深度（也有可能正是因为这种灵活性）："尽管现代管理手段为办公室和工厂中的团队合作提供了大量心理支持，但这种工作伦理仍停留于表面经验。团队合作是既有辱尊严又肤浅的集体实践。"[1] 当今的工作承诺给我们一种团结友爱和有归属感的体验，但事实上，这种工作带来的通常是更激烈的竞争和更严重的个人主义。

"新自由主义"视角是在对这类改变进行思考时常用的角度。但我们有必要解释清楚我们在谈论新自由主义时到底指的是什么，因为这个概念——以及对其含混不清的使用——很容易招来骂名。我所说的新自由主义是一种有意识的政治方案，其目的是破坏有组织的劳动力量和开发出能从更多人类社会生活领域攫取利润的新方法，其中包括从福利国家的遗留机构中获取利润。大卫·哈维（David Harvey）将新自由主义形容为"从内部摧毁"或"掏空"社会事业或社会机构的做法。[2] 新自由主

---

[1] Richard Sennett, *The Corrosion of Character* (New York & London: Norton, 1999).

[2] 参见 David Harvey, *A Brief History of Neoliberalism* (Oxford: Oxford University Press, 2005), 尤其是 pp. 2-3, 87-90, 91-3。

义承诺要打破20世纪中期福特式工作的乏味无聊，但它导致了自由的自我反噬：新自由主义对自由的承诺制造出更多的压迫。正如哲学家韩炳哲（Han Byung-Chul）所写：

> 新自由主义代表的是一套高效，甚至是智能的剥削自由的系统。属于自由的实践和表达方式的一切——情绪、玩乐和交流——都能被剥削。违背人们意愿的剥削效率低下。他者剥削（由他人进行的剥削）产生的回报很少。只有当自由被利用时，收益才能实现最大化。[1]

就个人层面而言，新自由主义意味着对韩炳哲（借鉴约翰·赫伊津哈 [Johan Huizinga]）所说的"游戏的人"（homo ludens）——人类性格中游戏的成分——的剥削以及对工作的游戏化。这相当于将工作与休闲结合在一起，一方面让工作越来越像玩乐，另一方面让休闲变成能为我们提供盈利也应该有利可图的事；每个爱好都是一种潜在的"副

1　Byung-Chul Han, *Psycho-Politics* (London & New York: Verso, 2019), p. 3.

业零工"。

当你跟别人说你在写一本有关工作,有关其中可能存在的问题以及我们能够怎样改变工作的书时,大多数人就会开始跟你聊他们的工作。对我而言尤其有趣的一点,是工作与玩乐之间的互相渗透。有位朋友曾发给我几张照片,其中记录的是这种渗透最严重的情况:"在产品车间里冥想";名为 Trello 的效率应用程序提醒其用户,"自我关爱是强大生产力的秘密所在"[1];办公区域内的任天堂游戏机角;工作一天结束后举杯庆祝公司首席执行官的生日;免费的早餐和中午的冥想环节。

虽然与他人共享工作场所的初创企业员工可能在某种程度上是当代经济的典型特色,但他们也只代表了能找到一份"快乐工作"的少数群体。这是因为当代工作世界越来越两极化。这种两极分化是几十年来经济停滞和数届英国政府所实行的新自由主义经济政策带来的恶果,这两点原因导致了服务行业的急剧增长。能带来满足感或能提供保障的工

---

[1] https://blog.trello.com/self-care-for-productivity(上次访问时间 2020 年 12 月).

作数量逐渐减少，尤其是在2008年经济衰退发生后。在当代经济中工作的许多人从事的都是不稳定的服务工作，为拥有稳定工作的人打扫家庭或办公室卫生，让别人的生活顺畅无忧。此外还有那些由于福利国家规模缩小而被迫从事无偿工作的人，尤其是看护工作，他们通常要在从事不稳定的零工工作的同时照顾病人、老人或年幼的亲属。不过，即便那些从事底层工作的人没有得到"有趣的"共享工作场所这一待遇，他们却仍被指望着要享受他们的工作，并将他们的雇主视为他们的朋友或家人。工作应该充满乐趣，就算这其中基本上没什么乐趣。管理层发送的套近乎的亲切邮件，以及要求员工答应使用的应用程序互动界面或参加的培训项目（通常是无偿的），不仅假设这其中存在乐趣，还鼓励员工享受这一假设的乐趣。

新工作——所谓从福特式工作的无聊中被解放出来的工作——相当灵活，它以情绪管理为基础（员工的情绪和顾客的情绪），由遍及全球的供应链上所谓的去中心化的"团队"操作。工作看上去变得随意；它与社会关系和个人社会资本密切相关，允诺不论在好工作还是坏工作中都将与社会性融为一体——为你提供友情,甚至是家庭。

要理解这类"新工作"是什么样的,一种方式是通过临时工这一角色,也就是临时员工。临时工通过相关机构取得雇用合同,最初出现在1950年代美国的办公室中,并在随后的十年内真正流行起来。[1] 绝大多数临时工是女性[2],而且雇用期很短。她们早已受过培训,被选中的原因在于她们已经拥有某项既定的临时工作需要的技能。临时工在新自由主义占主导地位前就已存在,但新自由主义让临时雇用的方式得到了蓬勃发展。1980年代,英国约有5万名临时工;截至2010年代中期,这一数字增长至27万。雇临时工可以填补劳动力空白,让企业能加速解雇或放缓聘用层面的运作。有些临时工甚至只是小时工。[3] 其工作没有保障,就算有

---

[1] Lynne Pettinger, *What's Wrong with Work?* (Bristol & Chicago: Policy Press, 2019), p. 99.

[2] 参见 Catherine Casey & Petricia Alach, '"Just a temp?" Women, temporary employment and lifestyle', *Work, Employment & Society*, vol. 18, no. 3, September 2004, pp. 459-80。

[3] Pettinger, *What's Wrong with Work*, p. 100.

合同,也不享有正式员工的权利。临时工被要求要灵活,要承担各种各样的任务,要行动迅速,甚至要在这些任务间无缝衔接。他们已经让企业付出了培训费用,因此他们必须迅速理解工作内容,适应自己新工作环境内的情绪氛围。

对许多有工作的人来说,这种在不同临时岗位间流动的模式逐渐取代了更有保障的福特式工作。大多数被创造出来的新岗位往往是低薪的服务类工作:例如,从 2010 年到 2013 年,新设立的工作岗位中五分之四属于低薪。[1] 服务业在英国经济中占比将近 80%。[2] 而现在,新冠疫情让这些集中在零售和餐饮领域的工作更加岌岌可危。这意味着劳动力的两极分化会越来越严重,只有其中一小部分人拥有稳定的工作,在这之中只有部分工作能令员工感到满足,而余下劳动力则是在为其他劳动力提供服务。但这一叙事中同样存在某些值得注意的

1　https://tuc.org.uk/news/four-five-jobs-created-june-2010-have-been-low-paidindustries(上次访问时间 2020 年 12 月).

2　https://ft.com/content/2ce78f36-ed2e-11e5-888e-2eadd5fbc4a4(上次访问时间 2020 年 12 月).

地方。首先，如社会学家琳恩·佩丁格尔（Lynne Pettinger）提醒我们的那样：

> 如果你的视野并不局限于体面的福利国家体系中有工会组织的（男性）制造业这样的劳动力贵族，你就会发现有偿工作其实也总包含着不稳定的因素。日间劳动在建筑业长久以来都是普遍现象；农业劳作极其依赖季节工人；家政服务业人员如果表现得有失尊重或者不得体，就容易遭到解雇。因此，在全职待遇和令人满意的职业生涯欣欣向荣的同时，也有许多人没有任何保障，这其中既有未被正式雇用也有被正式雇用的人。[1]

虽然不稳定性增多，但我们不应该认为当代工作模式代表着与过去的完全决裂。其次，并非每个从事福特式工作的人都感到无以复加和难以忍受的无聊。对年轻的工人阶级女性来说，工作是被认为缩短了的教育和婚姻之间的临时阶段，

1　Pettinger, *What's Wrong with Work*, p. 107.

它通常能提供一种集体和友谊之感,甚至还能带来收入和乐趣。最后,我们不应该夸大"新工作"的"乐趣"。在实际生活中,新的乐趣和转瞬即逝的把戏几乎无法改变人们的现实角色对他们提出的要求。即便是在表面光鲜的共享工作场所,许多公司也是租下一整层,然后像一家传统企业那样运作。一旦初创企业站稳了脚跟,旧有的等级就又回来了,正式的也好,非正式的也罢,这样的等级制从未真正消失过。

衡量方式改变事物:新自由主义与不当的激励

新自由主义政策宣告了福特式工作的终结,它承诺的不仅是乏味的工作的终结,还有官僚制度的终结,以及高速前进、无眠无休的零阻力资本主义。既然如此,那么接下来发生的事就颇具讽刺意味。官僚制度的限制非但没有消失,反而在曾经的公共机构内部层出不穷、逐渐加深。三分之二的英国大学目前雇用的行政人员多于其科研人员。而在美国,从 1975 年到 2008 年,科研人员的数量增长了约

10%，相比之下行政人员的数量则上涨了221%。[1]

这一现象乍看之下令人不解，因为"释放商业的力量"似乎应该消除这种大规模的官僚体。但与私有化和市场化相关的进程需要大量的精力投入。如马克·费舍（Mark Fisher）所指出的：

> 理想的市场本应带来能直接满足顾客愿望，无需监管机构介入或调解的"零阻力"交换。但员工业绩和劳动方式的本质决定了它们难以被量化，评估与衡量这二者的欲望因此不可避免地需要额外的管理和形式主义环节。[2]

这样的努力就像哄骗现有雇员接受收入更低的新工作流程，接受他们的人生就是新自由主义的实验对象，是为了创造新的对比标准一样。将市场机制引入曾由公共机构垄断的领域需要创建新的流程来采集、储备、比较和处理数据。此外，采集数据首先改变的就是那些其本身从事的工作与数据并没

---

[1] https://theguardian.com/commentisfree/2017/aug/21/universities-broke-cutpointless-admin-teaching（上次访问时间2020年12月）.

[2] Mark Fisher, *Capitalist Realism* (Winchester: Zero Books, 2009), p. 41.

有直接关联的人的工作类型。例如教学，我们如何能够记录以关联性和相互性为本质的活动的数据？第一步是要改变这一既定工作中包含的任务，否则就无法真正记录下这些活动。衡量方式会带来改变。以大学为例，一种衡量教学"成功"与否的标准是对学生反馈进行调查。这些调查会问学生是否喜欢某一课程。但喜欢不一定意味着学到东西，这二者间不一定存在直接关联。这种做法衡量的不是教学，而是别的东西。用费舍的话说，"我们直接比较的不是工人的业绩或产出，而是将该业绩和产出的审计情况进行比较。这样做就不可避免地造成了过度简化，工作的目标变成了生成和美化表象"[1]。新自由主义就这样创造出不当的激励。越来越多的时间被花在记录被部分或全盘片面化的工作的表面形式上，而不是实实在在地完成工作任务上。而这些又被用来打造同一项工作的未来条件和条款所使用的评判标准。对事实的歪曲就这样创造出新现实。

---

1 Ibid.

高等教育一直都是对市场化和私有化带来的不当激励进行反思时的焦点。这应该没什么好惊讶的,因为大多数研究市场化,或者至少是那些以此为生的人,都是学者。此外,学者倾向于对市场化有一种清晰的理解,也就是市场化与他们自己所从事的那种活动相矛盾——学者对自己的工作有种非工具性,甚至是"使命性"的理解。我们有时能察觉到学者认为他们属于特殊案例,或者说他们认为他们是劳动力被新自由主义驯化了的经济中唯一的组成部分。可他们不是。我们有必要考察市场化和私有化是如何在其余经济领域中运作的,以及现代工作实践因此受到了怎样的影响。

对"新工作"的体验

英国经济中原有的公有制领域在20世纪最后几十年内被出售,其中包括英国石油(Britoil)、英国电信(British Telecom)、英国航空(British Aerospace)、英国天然气(British Gas)、劳斯莱斯(Rolls-Royce)、英国铁路(British Rail)和地方水务机构。出售关键行业和公共服务的做法在英国民众间依然不受欢迎，多数民众支持继续公共持有铁路、邮政、公共汽车和能源。[1]

以铁路为例，在意识到政府为运营公共服务而向私企支付大笔补贴后，民众要求重新国有化铁路的呼声日益高涨。对纳税人而言，铁路每年需要的补贴高达50亿英镑——这还是在不计入火车票收入的情况下——这比私有化前增长了200%。[2] 新冠疫情期间，英国议会宣布将会对铁路商业特许经营模式（franchise）进行调整，但这并不意味着结束私有制。取而代之的是一种可能涉及政府特许经营权（concession）的新私有制体系，也就是向铁路公司支付固定费用，该体系已在部分铁路网中得到实施。[3]

在美国，私企的参与弥补了从未被真正建立起的福利国家留下的空白；但英国的情况与此不同，

---

[1] https://weownit.org.uk/public-solutions/support-public-ownership（上次访问时间2020年12月）.

[2] https://fullfact.org/economy/how-much-does-government-subsidise-railways/（上次访问时间2020年12月）.

[3] https://bbc.co.uk/news/business-54232015（上次访问时间2020年12月）.

私企提供的服务原本属于公共服务。使用这些服务仍是免费的（牙医除外），但这些服务多由私企运营。这些企业的表现由原本提供该服务的机构监管，如国家和地方政府、当地的英国国家医疗服务体系等机构。向提供公共服务的私企支付费用的这一外包流程，在1980年代因"强制性竞争投标"政策的引入而得到了加速发展。该立法要求属于公共行业的组织必须对所有供货合同进行招标，这意味着任何人都能对此进行投标。而合同则由能以最低价格提供该服务的企业获得。该义务于1997年出现稍许松动，但那时外包已经成了新常态。如今，每年从外部供应商处购买商品与服务的开销为2840亿英镑。这笔费用约占英国全部公共开支的三分之一[1]和英国国内生产总值的13%。[2]

这些合同不仅在政府预算中占据巨大比例，它们也代表了数十万工作岗位。调查清楚究竟有多少

---

1 https://instituteforgovernment.org.uk/summary-government-procurementscale-nature-contracting-uk（上次访问时间2020年12月）.

2 https://theguardian.com/business/2018/jul/09/carillion-collapse-exposed-government-outsourcing-flaws-report（上次访问时间2020年12月）.

人受雇于这些执行公共合同工作的外包公司不是一件易事。不过，我们知道从1979年到1991年，外包和私有化导致公共部门企业的雇员人数减少了逾150万。作为一家向英国国家政府、地方政府和英国国家医疗服务体系信托基金提供各式公共服务合同的企业，信佳集团（Serco）在英国的雇员数为3万人，保安公司杰富仕（G4S）则雇用了2.5万人。

我想重新考察之前总结的工作趋势——不稳定、灵活、情绪化、分散和两极化——对原本属于公共领域，后被外包出去的职业造成了怎样的影响。在这样的条件下工作是什么样子的？为了了解情况，我参加了铁路、海事和运输工人全国联盟工会（RMT）的一次分部会议。该工会代表8万名从事交通工作的人。虽然大多数私有化的铁路以商业特许经营模式运营，也就是说每项业务都是一项单独的私营业务，但许多表面上公有的铁路路段维持私企参与的办法是通过政府特许经营权来提供部分（或所有）服务。政府特许经营权与标准的铁路商业特许经营模式不同，在商业特许经营模式下，私企直接从火车票中盈利。而在政府特许经营权模式中,公共部门需向代替自己负责运营的私企支付一大笔钱,其中包括聘用员工的费用。在该模式下,私企对其提供的服务收取费用,并受制于更具体的合同义务。这方面最具综合性的案例要数持有并直接运营伦敦地铁的伦敦交通局(Transport for London),但伦敦交通局将所有其他业务部门以政府特许经营权的模式外包给私企,如伦敦地上铁(London Overground)、码头区轻便铁路(Docklands Light Railway)、伦敦交通局铁路(TfL Rail)、伦敦巴士(London Buses)。对伦敦交通局而言,其中的优势显而易见——没有任何一家政府特许私营商能提供可与伦敦地铁相媲美的薪酬,而养老金等大笔债务则不会出现在伦敦交通局的账目上。由于意识到铁路私有化不受公众欢迎,所以私营运营商(几乎总是由拥有商业特许经营权的同一外国政府所持有)的参与一概不为公众所知。

私有化的铁路通过政府特许经营权提供其部分服务。在这一模式下,企业对其负责的服务收取费用,并受制于更具体的合同义务。我在分部会议上遇到的工人为一家位于英格兰东南部,承包了铁路政府特许经营权的企业工作。除此之外，另有两家分包商负责提供设施管理和清洁服务。尽管这些复杂的承包和分包结构实际上可能会因设立类似或完全相同的官僚结构而抬高整体开销，但这些结构往往并不会真的影响到某组织的盈亏状况。这些结构导致了劳动力的分化，让工人们更难组织在一起。在合同上，将劳动力中最不稳定、薪水最低的群体与核心雇员群体分开，这样做所带来的好处足以弥补因支付代理费而产生的额外成本。

工会是倡导工人权利的组织。工会也可以被理解为翻译，至少就分部会议这一级别而言，这二者间有相似之处。工会成员在会议上诉说他们每天遇到的问题，而这些问题则在会议上由工会代表翻译成，或者说由工会集体转化为更具体的政治诉求。日常工作中物质上的事情——如没有按时收到工作制服、使用厨房或食堂的困难、没有暖气——成了可见的政治问题与工作问题。

如雷蒙·威廉斯（Raymond Williams）告诉我们的那样："大多数工作只有在提供了生产手段的情况下才能被完成：工具、材料、工作场所、渠道。

但实际上要完成什么工作和怎样完成的决定,却掌握在那些拥有或控制生产手段的人手中。工作手段已经转移到拥有这一必要资本的少数人手里。"[1] 当这些日常关切通过集体翻译作为政治问题被暴露出来时,它们可以成为触及工作核心的问题,成为向工作条件施压的问题。在那次分部会议上,许多这类关切都能回溯至当代工作方式向工作者提出的要求上,尤其是对情绪、对友好的客服态度的要求。正如在市场化的高等教育、私有化的铁路系统中,"顾客体验"才是最重要的。但顾客满意度并不意味着更优质的服务,而是意味着工作者必须时时保持微笑,在看到"顾客"(乘客)的十秒内欢迎他们。这还意味着雇用没有铁路工作背景的人,上至高层管理人员,下至普通员工,这样就更容易在反抗有限的情况下大幅调整职场文化。为了改掉经验丰富的铁路员工身上根深蒂固的"坏毛病"(也就是工会成员身份)而大费周章,这样做成功地带来了不稳定的工作环境中典型的高员工流失率和士气

---

[1] Fraser, *Work*, pp. 294-5.

低落的特征。尽管许多"铁饭碗工作"因整个行业受挫而不复存在,但对铁路行业一直以来的高员工留任率造成冲击的不是行业的式微,而是人员的自动流失。

在被私有化和市场化的公共行业内,品牌化是重中之重。虽说在大多数情况下,人们无法选择自己使用的服务(比如,你只能搭乘某车次去上班,或离你最近的医院是你最有可能去的医院),但市场的逻辑意味着每个人、每件物品都必须意识到自己的品牌身份,并一再改善这一身份。这对日常工作中的物质条件有影响,你得穿品牌制服,得等它被发到你手里,得洗它。据说有一位持有政府特许经营权的董事在从总部办公室到访车站的活动中,要求机构里的所有工作人员脱掉他们(丢人的无品牌)手套。与顾客的积极互动是对品牌的表达,而检查互动的是"神秘顾客",也就是被雇来体验服务,随后向企业汇报服务体验的零工,企业通过这种方法对可测量的程序化生产步骤进行集中式管理。

政府特许经营权本应通过明确特定的企业关键业绩指标(KPI),并在特许商未达到这些标准时对其处以罚款，来摆脱商业特许经营模式的低效。但这些旨在引导和管理员工的业绩指标带来了不当的激励。根据某项业绩指标的规定，每个车站都必须有列车时间表，如果时间表有一面出现故障[1]，特许商就要支付罚款。这就意味着，当时间表有一面出现故障时，为规避罚款，必须有员工站在该面时间表的下方，为旅客提供列车时间信息，即使时间表另一面运转正常或另一处时间表清楚可见也还是要这么做。为实现利润最大化，列车的运营须遵照业绩指标，就算该指标在其他方面对服务造成负面影响也不例外。铁路、海事和运输工人全国联盟工会的一名代表向我反馈的情况清晰无误地反映了这一点：如果列车出现晚点，他们必须频繁地放弃在小站点停靠才能弥补时间、规避罚款，但这样做意味着，他们要让在站台上候车的 5 ~ 10 名旅客再等半小时。

新工作表面上权力下放，但实际上其内部结构中隐藏着更深的权力集中，对这一悖论最淋漓尽致

---

[1] 英国火车站的时间表为双面显示信息的大屏幕。——译者注

的体现,莫过于员工们自发的真情实感如何在政府特许经营权的管理下变成了固定的例行公事。这方面最典型的案例要数车站进站口的格言板。几年前,伦敦地铁的工作人员主动决定在售票厅更新服务信息的白板上写点儿什么。这些语句的内容是真情流露、笑话、一本正经、肯定自我、偶然的想法和由衷动人的心里话的混合体。人们会对着白板拍照,并把照片上传至社交媒体。而对手持特许经营权的企业来说,这种自发行动成了来自中心管理层的命令:每个车站每天都会收到第二天要被统一写在白板上的话,每个车站都必须在写完后将照片上传至特许商的内部应用程序上作为完成任务的证据。对单个旅客来说,表面上自发行动没有变化,但该表象下资本主义吸血的倾向(马克思的原话)依然存在,只不过不易察觉罢了。

员工被要求发挥缓冲情绪的作用,他们要平抚旅客的担忧,他们必须表现出自愿的样子。由于企业不相信他们能自己做到这一点,因此他们被要求按规定行事,还要接受考核。比如,所有查票员都必须将旅客引向同一个方向,即大英博物馆。这种怪异的客服规定被日复一日地重复着。尽管每天被问的问题都是一样的,员工也对答案烂熟于心,但他们还是要假装自己在找答案。此外,运营商还开发了一款旨在向员工展示如何为旅客答疑解难的互动游戏——这让一切变得更加荒唐可笑。这些规定背后隐含的信息是:员工需要被改造,他们需要示范才能知道如何把自己的工作做得更好,而这一切都是为了内容模糊不清的"客服"。

政府特许经营权模式下的工作,是过去几十年来工作条件所经历的变化的典型代表:通过中介机构雇用更多能灵活就业的工作人员、在情绪方面的过分要求、例行公事般虚伪的自发性和互动性、不当的激励。这一现实驳斥了工作条件在逐步改善的错误看法,也驳斥了工作条件越来越人性化的说法。就个人经历而言,这些改变不一定比以前更好或更坏,考虑到每个人的主观感受,这是一件很难衡量的事。但可以肯定的是,对就业人群来说,在不稳定性、对工作时间缺乏控制及对其时间缺乏整体掌握之外,对员工提出的情绪要求让"工作生活得到了持续改善"这一观点更加站不住脚。事实上,政府特许经营权模式表明,在当代工作中占比极高的工作实践里存在大量让人无法理解的、仪式化的客服做法,这些做法不仅让员工脱离了自己从事的或本应从事的工作任务,也让他们脱离了自我。难怪当今的就业群体中有如此多的人感到那么痛苦。

4

工作对个人的影响

你身体的历史就是这些名字的历史,一个接一个地,毁掉你。你身体的历史就是一场控诉。

——爱德华·路易(Edouard Louis)[1]

---

[1] Edouard Louis, *Who Killed my Father* (London: Harvill Secker, 2019), p. 79.

抽象地看,工作似乎能带来快乐。我们能从自己动手、照顾他人,甚至仅仅是对某些事的规律重复所耗费的精力中找到乐趣。事实上,根据以瑞典拼装家具品牌宜家命名的"宜家效应"(Ikea effect)这一现象,我们通常会更珍惜自己制作的物品。但动手的乐趣在资本主义工作中的分配并不公平,工作能带来的意义和认同也一样不公平。由于我们将自己如此之多的时间花在工作上,我们寻找其他乐趣或意义的能力也因此下降。在我们的工作中,我们能获得多少乐趣或满足感取决于我们对自己的工作有多少掌控力。

当然,有些工作被普遍认为比其他工作更糟。也就是说,这些工作对从事它们的人而言危害更大或更严重。这些工作或意味着社会地位低,或意味着繁重的劳动,或很危险但没有英雄光环,或重复单调。比如屠宰场的工作就符合上述所有特点。一位在屠宰场工作了六年的女性这样形容她的经历:

> 其实很快我就意识到,假装这只不过是一份工作毫无意义。我知道并非所有屠宰场都是

这样,但我所在的屠宰场是一个既不顾及员工感受又危险的工作环境。就算遵守电晕流程,屠宰工还是会在牛被机器吊起,准备屠宰时被抽搐的牛庞大的躯体踢倒在一旁,这样的事已经发生了无数次。

就我个人而言,我从没受过伤,但我工作的环境对我的精神产生了影响。我日复一日地待在那个巨大又没有窗户的箱子里,我胸口感受到的压力越来越大,仿佛有一团阴霾盘旋在我的头顶。晚上,我脑子里的噩梦会搅得我不安宁,梦里全是我白天目睹的恐怖景象。[1]

工作可能会造成极大的生理危险,比如涉及危险化学品的工作,像生产合成织物人造丝时释放的二硫化碳,或生产用于建筑物绝缘的石棉。轮班制工作——员工的上班时间不在通常朝九晚五的范围内,而是经常要上夜班——可能会带来严重的心血管问题,以及与焦虑或抑郁有关的问题。[2] 快递工

---

1 https://bbc.co.uk/news/stories-50986683(上次访问时间 2020 年 12 月).

2 https://oem.bmj.com/content/58/1/68(上次访问时间 2020 年 12 月).

作会让员工易受交通事故或暴力威胁的影响，尤其是在员工需独自完成工作或时间压力过大的情况下。[1]

工作的问题常被视为对这种有危险的工作的分配问题。某些工作又脏又累，或上班时间很反常，但总得有人干；对干这份工作的人来说，这不是什么好事，或许他们应因此得到更好的补偿。这种对工作进行分类的方法没有抓住重点。上述工作条件比其他工作更极端，但这是程度区别，不是范畴区别。我们所有的工作都对我们的健康、我们与自己和他人的关系有影响。

建筑工人在工作场地受伤的几率极高。这份工作可能致人丧失听觉，也可能导致呼吸问题、肺病、皮肤病和背部损伤。2018 至 2019 财年，英国建筑行业发生了 30 起致死的工作事故，无人死亡的工伤事故则有 54000 起。[2] 但除了传统意义上的体力工作外，其他工作也能导致生理伤痛——

---

[1] Callum Cant, *Riding for Deliveroo* (Cambridge: Polity Press, 2019), p. 54.
[2] https://hse.gov.uk/statistics/industry/construction.pdf（上次访问时间 2020 年 12 月）.

医疗护理行业同年的工伤事故达到了74000起。[1]护理工作中，抱举和搀扶人体不仅是体力活儿，也可能很危险。清洁工作也存在危险：一项针对丹麦全职清洁工的调查发现，这项工作导致20%的受访者每天都会出现身体疼痛的情况。[2]就连常被称为"非体力劳动"[3]的工作其实也免不了要求我们改变身体姿势，甚至是操纵我们的身体：办公室职员要在办公桌前坐一整天，他们使用的往往是高低不匹配的桌椅组合；餐饮业服务员要站一整天，而且他们吃饭的时间少得可怜；收银台工作可能会引起骨骼肌伤病，尤其是背、肩和手臂的问题。[4]无论是在工厂生产线上还是在办公室里，重

---

1 https://hse.gov.uk/statistics/industry/health.pdf（上次访问时间2020年12月）.

2 Karen Søgaard, Anne Katrine Blangsted, Andrew Herod & Lotte Finsen, 'Work Design and the Labouring Body: Examining the Impacts of Work Organization on Danish Cleaners' Health' in *Cleaners and the Dirty Work of Neoliberalism*, Luis L.M. Aguiar and Andrew Herod, (Oxford: Blackwell Publishing, 2006), p. 150.

3 参见 Michael Hardt and Antonio Negri, *Empire* (Cambridge, MA: Harvard University Press, 2000)。

4 https://usdaw.org.uk/CMSPages/GetFile.aspx?guid=b9406bec-93b2-44b3-b6f0-25edd63e137c（上次访问时间2020年12月）.

复的动作能对身体造成损伤。据报道,富士康工厂的工人——也就是生产了全球半数 iPhone 手机和许多其他苹果产品的人——除了要在工作时做出规定的动作外,在工作之余也会不由自主地做出相同的动作。[1]

工作不仅会带来身体上的压力,也能造成心理问题。话虽如此,但我们不应过分强调生理和心理问题间的区别,因为这两种问题是交织在一起的。但根据现有数据,与工作相关的伤害的确对这二者进行区分。身心有别的假设既不恰当,对理解问题也没有帮助,但我们只能屈就于现有数据。这些数据十分令人沮丧:工作量带来的压力在英国是导致与工作相关疾病的第一大诱因。英国 12.7% 的病假与心理健康状况有关。[2] 这些问题并非与职场没有关联;职场的工作条件往往加重了这些健康问题。有助于理解工作压力的一个方法是借助"工作强

---

[1] https://telegraph.co.uk/finance/china-business/7773011/A-look-inside-the-Foxconn-suicide-factory.html (上次访问时间 2020 年 12 月).

[2] ONS (2014). Full Report: Sickness Absence on the Labour Market, February2014. Retrieved from webarchive.

度"(你在给定时间内根据预期应该完成的工作量)和加班(在合同规定以外的工作时间)。这两个因素均会加重员工的压力和疲惫感。[1]2019 年的无偿加班给英国雇主带来了 327 亿英镑的收入。[2]除此之外,领导们的工作邮件和 WhatsApp 讯息也在蚕食我们的夜晚。根据一项调查,员工平均每周在工作之余花在回复工作邮件的时间为 8 小时。[3]正如 Autonomy 智库负责人威尔·斯特朗(Will Stronge)所言,"通讯技术模糊了合同与非合同时间的界限"[4]。这些越来越无孔不入和时间越来越长的工作模式只会让现有的压力和心理健康问题进一步恶化。

控制和选择的幻觉

透支体力的工作方式常常看起来像是员工的个

---

1 http://openaccess.city.ac.uk/20071/1/avgoustaki_frankort_ILRR.pdf(上次访问时间 2020 年 12 月).

2 https://tuc.org.uk/news/workers-uk-put-more-%C2%A332-billion-worthunpaid-overtime-last-year-tuc-analysis(上次访问时间 2020 年 12 月).

3 https://theguardian.com/commentisfree/2020/feb/13/unpaid-electroniclabour-right-disconnect(上次访问时间 2020 年 12 月).

4 Ibid.

人选择。员工有时为了表现出自己工作时间长会选择加班，或者为了表现自己工作努力会选择加快工作速度。这些或许看起来都是人们自愿的行为，甚至当事人也可能觉得这是自由的选择。但对许多雇员而言，为表现出自己在乎工作而背负的压力可能十分沉重。在现代职场中，履行合同规定的职责、掌握工作所需的技能并满足于此会被认为是在偷懒。我们背负的期望是要提高和改善，是要把每个人都当作客户来对待，是要改进流程，是要一刻不停地反思、评估、审视和改变。

虽说在竞争过强的工作环境内，雇员间的竞争会给上述感觉火上浇油，但鼓动这种感觉的常见因素是上级对下级的管理方式。我们的雇主有两种管理我们的方式。第一种是雇主作为群体对我们的生活的间接控制。除非我们极其富有，否则我们为了生活必须工作。我们需要有人雇用我们。第二种控制体现在我们无法选择我们的工作条件。在工作中，我们的雇主能直接控制我们的活动。这一点基本意味着，他们，而且只有他们才知道决定出租车司机下一位乘客的算法是如何运作的，只有他们才能规定工作时长,只有他们才能安排员工得到哪些设备。我们对我们的工作条件没有掌控力,挑战这种情况应该也很难。不自由的背景原因——我们事实上是被迫工作——让挑战没有合适的安全设备、已成为日常的无偿加班,甚至是骚扰歧视等糟糕的职场现象变得越来越难。如果你需要工作才能生存,尤其是如果对你而言找工作很难(你没有工作所需的技能或合规的工作许可,或者失业率高企),那么雇主直接控制你的能力就会很强。如果你需要工作甚于工作需要你,那么你更有可能不得不接受将你或其他人的健康置于危险——或者只是让你很痛苦——的工作安排。这样的情况也会催生霸凌和羞辱他人的行为。在一起极端案例中,一名员工在一个在线论坛上举报称,其雇主要求所有员工为了他生病的哥哥(或弟弟)注册为潜在的肾脏捐献人,否则就会解雇他们。[1] 员工通常带病上班,因为如果不这样做,他们可能会因为缺勤而失去薪水,或者他们这样做是因为职业生涯的发展取决于他们努

---

1 https://askamanager.org/2016/04/our-boss-will-fire-us-if-we-dont-sign-up-tobe-a-liver-donor-for-his-brother.html(上次访问时间 2020 年 12 月).

力工作的表现。

这种直接控制也许来自你的老板、你的"团队负责人"或你的经理，也有可能来自就连你老板的老板也控制不了的算法，后一种情况越来越普遍。例如，每一位在亚马逊（Amazon）仓库工作的员工的行动都时时处于监控之下：他们需要多久准备递送的货物，需要多久上厕所等。这些时间会与期望值进行比对，而期望的标准往往强度很高，如每小时打包几百个包裹。达不到预期标准的员工会被解雇，而这一行政过程通常没有人类参与。[1] 管理甚至解雇员工的是算法。这改变了工作环境中控制的本质。尽管还是存在人力投入——算法究其根源还是由人来编写的，遵循的也是别人定下的规则——但这改变了你与有偿工作发生关系的方式。与在经理的监视下被抓到工作怠惰的可能性和现实性不同，在算法面前你无处躲藏。亚马逊的仓库里依然有经理，但他们只是执行电脑给出的指令。这

---

[1] https://theverge.com/2019/4/25/18516004/amazon-warehouse-fulfillmentcenters-productivity-firing-terminations（上次访问时间 2020 年 12 月）.

意味着日常工作中没道理的决定再也没可能被推翻。就像一名在亚马逊仓库里工作的员工所说的那样:"人工智能就是你老板,是你老板的老板,还是你老板的老板的老板:决定生产率目标、轮班安排和仓库内分工情况的都是它。"[1]

如上所述,控制——来自算法或人或两者的混合体——决定了我们以怎样的方式与我们的工作联系在一起,因此决定了我们的工作是否给我们带来了威胁——这也就是为什么我们越来越难挑战危险的工作方式。这种掌控力的缺失本身应该就是导致健康问题和痛苦的元凶。一项针对英国公务员的调查发现,级别、对日常工作的掌控力与健康结果联系紧密。我们大概会认为掌控力越大、级别越高,压力也就越大,健康状况也就越糟。所谓责任链顶端通常被认为是压力最大的位置。但高级别的管理人员为缓解压力会休好几天的假,会进行数码产品戒断和享受奢华的水疗项目。根据这项调查,在吸烟数量相同的情况下,级别更高的公务员死于肺癌

---

[1] https://homintern.soy/posts/wemachines.html(上次访问时间 2020 年 12 月).

的几率低于级别更低的公务员。[1] 在能够解释影响同一政府部门内，高级别和低级别公务员不同死亡率的三个因素中，对工作拥有掌控力是最具说服力的因素。[2]

"好工作"

随着有保障的永久或长期岗位在英国越来越少，包括英国政府在内的机构将其目光转向"体面的工作"或"好工作"。比如英国公共卫生部（England Public Health）认为，好工作包括体面的薪水，职业发展和培训的机会，保证家庭生活和工作间平衡的灵活性，以及工作本身没有危险。卫生部给出了以下建议：

> 从事一份好工作比没有工作对你的健康更有益。"好工作"的定义是，工作时长与条件

---

[1] Marmot MG, Smith GD, Stansfeld S, Patel C, North F, Head J, White I, Brunner E, Feeney A., 'Health inequalities among British civil servants: the Whitehall II study', *Lancet*, 337, 1991, pp. 387–93.

[2] 参见 Dan Swain, *Alienation* (Bookmarks, London: 2012)，第65—66页的讨论对于理解这些调查结果很有帮助。

合理,管理层善解人意,提供职业培训和发展机会,工作安全有保障。[1]

虽然该部门建议的工作条件远胜于如今许多员工真实的工作环境——考虑到工作能够导致的健康问题,我们也许会质问所谓安全工作存在的可能性——但上述定义还是忽视了至关重要的掌控力因素。在工作中拥有掌控力牵涉的不仅是自我掌控和对日常工作环境的掌控,还包括降低,甚至是消除员工(基本没有掌控力)、经理(被授予某种程度的日常权力)和老板(对工作环境拥有远多于其他人的权力)之间的权力差异。

对工作内容缺乏掌控力为何会造成如此的伤害?一种理解这个问题的方法是通过马克思的"异化"(alienation)概念。在马克思看来,参与有意识改造世界的创造性活动是人之为人的根本。但资本主义扭曲了这种能力,资本主义让这种能力成了一无所有的阶级被迫向富裕阶级出卖的东西,因为

---

[1] https://gov.uk/government/publications/health-matters-health-and-work/health-matters-health-and-work(上次访问时间 2020 年 12 月).

后者占有这种能力需要的机器和厂房。这对人类的社会生活造成了灾难性的影响。工人不能理解他们自己和周遭的世界,他们与他人的关系变成了工具性的关系,整个世界都显得很陌生:

> 穷人居住的地下室充满了敌意……他无法将这里视为他自己的家……他发现自己住在别人家里,陌生的屋主总在监视他,他一旦付不起房租就会被扫地出门。[1]

在自己不具备掌控力的条件下工作,为了他人的利润生产拥有凌驾于你的权力的商品——这样的体验阻碍了人的潜力。让我们重新回到英国公共卫生部门"从事一份好工作比没有工作对你的健康更有益"的主张。随着即便有工作却仍生活贫困的群体人数达到历史新高,这样的说法令人感到有些困惑。[2] 也许他们会解释说,目前大部分工作都无法达到"好"工作的标准。但没有工作在什么情况下

---

[1] Karl Marx, *Economic nd Philosophic Manuscripts of 1844* (Amherst, NY: Prometheus Books, 1998), p. 124.

[2] https://theguardian.com/business/2020/feb/07/uk-live-poverty-charity-josephrowntree-foundation(上次访问时间 2020 年 12 月).

竟算得上"对健康有益"呢？工作对健康更有益，只不过是相对于失业人群面临的条件——这些条件是政治选择的结果——而言的。

失业人群享有的保护遭到了历届政府的大幅削减。惩罚性的福利制裁与削减制度的设计初衷就是为了"让人们重返工作"，无论是什么工作，而且有时甚至还要无偿工作，成千上万人的生计因此被毁。伦敦听障与残疾人组织 Inclusion London 的政策与公共事务负责人蕾切尔·奥布莱恩（Rachel O'Brien）这样告诉我：

> 这种惩罚性的方式毁了成千上万人的生计。在某些情况下，这样的惩罚性体制直接导致了这些人的死亡，卡鲁姆名单（Calum's List）记录了那些福利改革导致的自杀事件。[1] 残障人士新闻服务用了五年时间调查这些被认为"有能力工作"的人的死亡，以及高级公务员办公室与部长滥用职权的指控，随后对劳动和退休金部门提起了"诉讼"。就算残障人士

---

[1] 参见 http://calumslist.org/（上次访问时间 2020 年 12 月）。

找到了工作，也经受住了人们在招聘广告和信息中看到的歧视，残障人士还是得面对巨大的薪酬差异，而且他们更有可能得到的是一份零工时合同，他们在职场的权利也更少。

辛苦工作在道德上是一件好事，而懒惰应受到道德谴责——无论这种看法是曾经就有迹可循的意识形态理由，还是在福利国家削减福利的过程中暗中形成的伦理观点，当今政治中到处弥漫着这样的氛围。失业就意味着失败。在付工资的社会里，有偿工作和有份工作是我们能得到他人认同的首要途径。随着工作延伸到越来越多的人类社会生活中——这是我将在下一章详细讨论的问题——友情、爱好、相同的社会实践等能给予认同感的其他源泉慢慢枯竭。而失业的人连通过资本主义工作获得有限的、以阶级划分的工具性认同感的可能性都没有。

工作、不平等和羞耻感

工作能带给我们认同感，让我们觉得自己被他人看到、有机会被他人欣赏。工作也改变了我们和世界及他人互动的方式。如果你的工作是服务员，你就知道通常是从左边上菜，从右边端走盘子。当你在餐厅用餐时，你甚至可能会本能地将身体倾向左边或右边，以便负责你这桌的服务员的工作能更轻松一点。这么看来，工作改变的不仅仅是生理活动。虽然你的胳膊和手腕大概会因为经常端盘子而变得强壮，但令人担忧的是，你手上的皮肤将对极端温度越来越没有感觉；此外，服务员的工作还会改变你在既定环境中的方位感。我们从事的工作塑造了我们对工作场所的认知和我们在其中的方位感。清洁工驾驭工作场所，甚至是整个世界的方式一定与高级经理不同：知道你的位置，不只是空间现象，也是心理现象。

那些从事所谓"低级"工作（不要求技能的体力劳动、"脏"活儿、日常服务类工作等）的人，没有获得意义、权威和更高级的工作带来的认同感的途径。社会学家理查德·桑内特将这种地位的缺失及其连带的心理影响称为"阶级的隐形伤害"（hidden injuries of class）。他指出，在阶级社会中，不是每个人都在他人眼中拥有"有保障的尊严"（secure dignity）。这是因为有些人的阶级地位被"认为是个人能力的最终结果"，但由于在同一社会中证明自己的努力可能会失败，因此这样的努力"强化了最初的焦虑"[1]。他强调，即使有人得以提升自己的阶级地位，长时间的地位焦虑感也依然存在。尽管人们的社会生活处处都弥漫着焦虑和痛苦，工作却是直面这些的地方。级别低的员工要执行"上级"的指令，接受"上级"的管理和监控。他们不仅被当作工具对待，而且这种工具性及其附带的低声下气都证实了他们低下的地位。

我童年经历的两件事让我明白了地位差异能带来多大的影响。第一件是我在小学校园外目睹的一场两个女人间的打斗。其中一个女人在学校接待处工作，而根据打斗中被透露的信息，她的另一份工作是为另一个女人，也就是来学校接孩子的妈妈打扫卫生。我曾以为她们两个人是朋友，因为她们经常一起出现。这就像成年人以为孩子们的友情不

---

[1] Richard Sennett and Jonathan Cobb, *The Hidden Injuries of Class* (New York & London: Norton & Company, 1993), p. 171.

复杂、很单纯一样，小孩往往会以为如果成年人表现得像朋友一样，那么他们就应该真是朋友。打斗中，另一个女人生气地回应道，"呦，你还给我扫厕所呢"。这句话震惊了 10 米范围内所有凑热闹的人，并在学校里被传来传去数天之久。在那一瞬间，这句话证明了那些从事"低级"工作的人受到的蔑视，这种蔑视甚至来自那些自己制造垃圾，需要雇人打扫卫生的人。第二件事发生在我 11 岁那年。我在接受了经济情况调查后，得到了一所私立学校的奖学金。我从最没可能上大学的人——我曾是领学校免费午餐的学生——摇身一变，成了未来大有可为的人。这种阶级跨越如果发生在成年人身上，会令人感到紧张；对小孩子来说，这样的改变意味着在困惑与孤单中步入一个名不正言不顺的特权世界。当你把一个在贫困中长大的孩子作为慈善对象放进富人圈时，所有人很快就会看清阶级或明显或隐晦的界限：这不仅仅是你拥有多少财富的问题（虽然其他事往往都是这一点的衍生品），更是你被如何教导看待你自己的问题，你应该相信自己什么的问题，以及你在教导之下如何鄙视那些地位

"低"于你的人的问题。阶级，就是让某些人的声音能被听到，却强迫其他人噤声，否定他们的力量和主体性的机制。阶级的语言同样是某种特定工作的语言——中产阶级职业的人在谈到地位低于他们的人时，用的是一种令人费解，往往像技术专家一般非人的行话。使用这种语言的能力，用"结果"、"下一步"和"根据我前几封邮件"这样的术语攀谈的能力，是一套特有的专业软技巧，这让那些拥有这种能力的人能更容易地换工作，并在艰难的时期获得地位和物质上的支持。

劳动分工带来了严重的伤害，因为有些工作被视为比其他工作更值得被尊敬和获得尊严。而对那些不属于这一类的工作而言，无论是暂时还是永远不属于，从事这些工作的人失去的不仅是收入，还有赢得社会尊重的主战场。这意味着多重战线上的严重边缘化。我们的工作是我们仅有的能表达自身身份的几个可能性之一，这真是荒唐的可笑之事。这么说不是因为人们不应该在工作中寻找满足感，而是因为考虑到工作给大多数人带来的时间成本，以及工作对其他意义和满足感源泉带来的打击与毁灭，我们从别处获得满足感的可能性微乎其微。那些没有工作能力或找不到工作的人，尤其是穷人，就这样被排除在社会之外。在"偷懒的人 vs 奋斗的人"这种将工作与社会成员身份相提并论的政府和主流媒体言论的影响下，情况尤其如此。[1] 这样一来，由工作造成的排斥就成了双重暴力，这是另一种隐性的阶级伤害，其中结构性的社会问题被呈现为一种个人的失败。对福利施加各种条件和可用福利总额的减少或许能实现"工作就有回报"的目标，但这只是相较于人为导致的贫困及排斥程度加深而言的。

工作的"回报"体现在涨工资的那一刻，而不是当没工作的人的福利底线被调低时。这种残酷的制度创造出一个地位低于工作群体，甚至是低于从事"烂"工作的群体的社会阶层。作家凯利·哈德逊（Kerry Hudson）将她在这样的阶层，在"无所不在、令人煎熬、残忍、常常无人性可言的"贫困中长大的经历描述为塑造了"我的骨骼、血液、肌

---

[1] Mareile Pfannebecker, J. A. Smith, *Work Want Work* (London: Zed Books, 2020), p. 30.

肉和根本内在"的经历。尽管她是一位成功的小说家，但阶级的心理伤害依然存在；"如果你生命中的每一天都被告知你没什么有价值的东西，你对社会没有价值可言，你怎么可能摆脱那种'出身低下'的感觉？就算你取得了不小的成就又如何？"[1] 包括工会在内的工人阶级组织受到的政治打击说明了能挑战社会问题私有化的政治和人际关系手段越来越少。获得认同感和生活意义的机会不公所带来的伤害，以及由此而来的自我责备，则继续以隐蔽的方式成为被孤立的个人的秘密财产。

就许多行业的工作而言，被骚扰和被人呼来喝去的现象非常普遍，这实际上已经成了工作内容的一部分，在性别化和种族化的服务行业中尤其如此。如果我们的生理情况和空间感都能被我们的工作日常所左右，那我们的自我理解呢？服务工作要求的恭敬言行带有性别色彩，日复一日地从事这些工作，对我们的自尊和我们在工作之外的生活又有怎样的影响？

---

[1] Kerry Hudson, *Lowborn* (Random House: eBook, 2019).

社会学家阿莉·霍克希尔德认为,我们被期望根据需求生产和管理情绪状态,这给我们的性格和自我带来的要求,值得让我们感到担忧。工作者的"表情"和"感觉"间的"割裂","可能会让二者疏离"。[1] 我们的感觉被当作"原料"对待。[2]

工作要求我们管理或制造情绪状态,其实是在巩固我们的性格就是原材料这样的预期。工作对我们提出了强势的要求。工作让我们身体的能力——体力、脑力、情绪——能被用来谋利。这是在我们几乎没有发言权的情况下发生的。在服务业占比大的经济中,我们被越来越多地要求用我们自己——也就是我们的性格——为雇主谋利。

随着获得有保障、薪水优渥的长期和终身制工作的机会越来越少,工作在不知不觉中发生了某些方面的改变。我们工作要更努力,我们工作的时间更长,我们为了我们雇主的利益要在工作时调动我们的情绪和性格,我们在工作时间之余还要被要求

---

[1] Arlie Hochschild, *The Managed Heart* (Berkeley & New York: University of California Press, 2012), p. 35.

[2] Ibid., p. 54.

从我们的社交生活中挤出更多的时间，将我们的兴趣变成副业，以便保证我们自己在目前薪水微薄的情况下也能存活。为了以后还能找到另一份工作，我们还要搜刮出足够的社会和文化资本或资源。

工作不仅仅是因为某些偶然的不好的做法，或某些不好的工作的一直存在才充满危害。虽说工作可能很危险，可能少不了剥削，或者可能就是很无聊，但资本主义下的所有工作都会对工作者造成伤害，是因为资本主义将我们强行推入工作，而我们在面对这一切时却无能为力。

5

打工的国度
当玩乐成了一桩严肃的生意

过去几年，网上流传着一张受欢迎的图像：一朵由黑白线条简单勾勒的玫瑰花，配文"你比你的生产力更有价值"。这张由Instagram用户，同时也是设计师的radicalemprints创作的图像在2015年的网络世界蹿红，或者说左翼倾向的表情包也就只能火到这个程度。[1] 如果你是任何一个激进网络空间的一员，你很有可能看过这张图或者是这张图的某个版本。这张图意在质问一个人将自我价值与他能完成多少工作或外在成功标志绑定的做法。理论上看，我们永远都能做得更多，而我们根据这种我们无法满足的标准衡量我们自己，才是痛苦和沮丧的真正源头。"你比你的生产力更有价值"这句话，就是要试着让我们重新理解何为价值，或者说人的价值能是什么样。这种思维的局限性在于，虽然重新调整我们的态度能起到抚慰一个人不满或失败之感的作用，但这样的调整通常无法应对你被衡量的社会价值与你在工作或未来工作中的生产力相互关联这一现实。如果不能在市场关系之外建立起

1　https://instagram.com/p/B6ZsjxiAvF-/（上次访问时间2020年12月）.

可持续、可共享的价值之所,我们就会被生产力这一估价方式牢牢困住。

为何生产力会对我们中的这么多人有如此大的吸引力?我们发现,我们在寻找能让我们过对每一天,让我们能快速完成不断增多的待办事项,能让我们计划未来却不用为小事流汗、早起和埋头苦干等的好方案。我们可能感到我们就是要做的事太多,而时间总是不够。这种感觉本身不是什么新现象:担心不能完成一个人应该完成的所有事,比如阅读所有对的东西,古已有之,至少能追溯至哲学家塞内卡(Seneca)。

18和19世纪对神经疲惫和神经衰弱的抱怨,均预示了今天的"过劳"社会。1733年,乔治·切恩(George Cheyne)在《英国疾病》(*The English Malady*)中,将城市生活和现代生活的节奏与神经衰弱的问题联系在一起。他认为,神经衰弱意味着身体无法正常输送关键的液体,这导致了精神低落、无精打采和忧郁。[1] 尽管文明享乐过度是切恩笔下

---

[1] Anna Katharina Schaffner, *Exhaustion: a History* (New York: Columbia University Press, 2016), pp. 87–90.

的疾病的根源，但19世纪晚期与20世纪早期的神经疾病不是由过度，而是由对外在刺激物微妙的过度敏感，由期刊杂志、蒸汽动力和过多的脑力劳动等造成的感官过载导致的——或者对女性来说，任何脑力劳动都会导致这种情况。神经衰弱，就如今天的倦怠（burnout）一样，是有能力有抱负的人的专利，众所周知，维吉尼亚·伍尔夫（Virginia Woolf）和马塞尔·普鲁斯特（Marcel Proust）这样的作家就深受这种病症的折磨。[1] 虽然当代企业对待过劳的方法是高档水疗团建和成本通常数千英镑的冥想课程，神经衰弱的女性却要接受被称为"静养"的疗法。病人要卧床好几周，在某些情况下，她们不得在没有医疗辅助的情况下翻身或转动，提供给她们的是大量味道寡淡的食物。剔除包括阅读和书写在内的一切刺激物就是目的，[2] 这是一种形式尤为极端的休息。与神经衰弱一样，倦怠被视为一种装模作样的苦恼。倦怠最初被用来形容社会工

---

[1] Ibid., p. 96.

[2] 这方面的著名例子，参见夏洛特·铂金斯·吉尔曼（Charlotte Perkins Gillman）的《黄色壁纸》（*The Yellow Wallpaper*）。

作或其他护理工作导致的情感上的筋疲力尽，正如马斯拉什倦怠量表（Maslach Burnout Inventory）的作者克里斯蒂娜·马斯拉什（Christina Maslasch）所说，这份产生于 1980 年代的问卷是为了那些从事各类"与人相关的工作"的人制定的。[1] 该问卷涵盖的范围近来得到了扩展，其中囊括了与关怀的联系不是很明显的工作。在有关疲惫的主流讨论中，倦怠的新内涵仍与关怀有关，但讨论的焦点变成了那些传统意义上非常成功的人对他们的工作所表现出的过度关心，而不是"地位较低"的社工、护士等对其职业的在乎。美国《今日心理学》（*Psychology Today*）杂志 2011 年这样形容倦怠："倦怠是一个狡诈的贼，它以世界上最优秀、最聪明的人的精力、兴趣和热情为食，让这些积极的品质变得面目全非，让他们变得筋疲力尽、垂头丧气和失望透顶，倦怠夺走了这些最优秀、最聪敏的人。"[2]

当人们经历痛苦、病痛或身体情况不佳时，他

---

[1] Schaffner, *Exhaustion*, p. 124.
[2] https://psychologytoday.com/gb/blog/high-octane-women/201104/overcomingburnout（上次访问时间 2020 年 12 月）.

们所处的社会理解他们的生理感受的方式塑造了他们的体验。对健康欠佳状况的预期不仅决定了他们感受这一情况的方式,也决定了哪种关爱才是他们有可能得到的。抑郁和倦怠的一系列症状都很类似。根据世界卫生组织(WHO)的《国际疾病分类》,倦怠有三个特征:(1)精力不足或疲惫感;(2)精神疏离感,消极情绪或愤世嫉俗感;(3)感到自己没用和缺乏成就感。[1] 抑郁的特点与倦怠类似,也是感到精力不足、兴趣或参与感降低以及自卑。但至少根据世界卫生组织的定义,倦怠是一种"职业现象"。在包括《今日心理学》在内的解读中,倦怠不仅是职场,更是某几类职场独有的现象;从历史上看,倦怠是依赖于情感付出和关怀的工作所独有的现象,但倦怠现在却越来越频繁地发生在人人艳羡但高压的企业白领工作中。虽然对抑郁的污名化没有改变,但倦怠因其与职业责任和成功的联系,让人能在不受到社会性惩罚的情况下表明自己

---

[1] https://icd.who.int/browse11/l-m/en#/http://id.who.int/icd/entity/129180281(上次访问时间 2020 年 12 月).

有这样的问题。[1] 倦怠没有像抑郁那样，常被（错误地）理解为意志的失败和对自己的不关心，受倦怠感折磨的人是关心过度的受害者，他们过于在乎他们的工作，要么是因为他们的工作与关怀有直接的关系，要么是因为职场生活要求这些高管对他们的工作的关心高于一切。

筋疲力尽本身并不新鲜。那种有太多事要做的感觉和什么都没干就累了的疲惫紧紧绑在一起，这与资本主义现代性中地位高低的等级制度及其一成不变的僵化角色有着必然的联系。如果我们能自由选择我们想做的事或想成为的样子，我们的失败确实会让我们觉得这是我们自己的问题，尤其是在充满竞争且高度个人化的社会中。不过，当代独有的问题似乎不仅仅是我们应该很忙，或者现代社会的刺激因素过多，而是我们应该不停地工作这一观点。

这一观点得以形成的部分原因在于员工与雇主相比相对缺乏控制力，这种情况让雇主能将改善的责任和不断实现利润的要求强加在员工身上。当代

---

1 Schaffner, *Exhaustion*, p. 216.

资本主义工作这种自我剥削的特点不只是个人痛苦的源头，也是确保利润的手段。不平等现象令人头晕目眩地飞速增加，随之而来的是社会中的大规模风险转移，权贵阶层即便遭遇风险，利润也是有保障的，风险被转移到贫困群体的身上。我们能在国家层面上观察到这种风险转移，公众的利益被用来救助提供公共服务的私企，而当房东的"投资"需要被保护时，被牺牲掉的是租客的住房。在企业层面，临时合同和零工时合同的大量使用虽提供了灵活性，但员工却为此付出了代价，受益的只有雇主。这样的合同让员工而非雇主承担失业或需求下降带来的潜在成本，它们不仅让开除员工变得更便宜，还巩固了雇主手中专断的权力，员工因害怕工作量减少而无法拒绝轮班。在如此多的风险被向下转移的情况之下，难怪人们普遍会有一种被迫自我改善的感觉。

对持续改进的盲目崇拜

尽管世界卫生组织或许觉得他们能轻松地将工

作与生活区分开,并把倦怠视作一种职业风险,但这种不费吹灰之力的一分为二却与大部分日常生活体验相悖。以福特式工作为代表的时间受限型工作不复存在,取而代之的是工作与空闲越来越紧密地交织在一起。首先,我们在第 3 章中看到,工作向我们提出的要求大致就是空闲在其历史发展过程中对我们的要求:我们要享受,要追随内心,在某些情况下穿着要随意,要社交。与其说工作只发生在一个人生活中固定的时间内(例如完成学业后和退休之前),不如说工作已经成了对人们的生活进行定义的模式。我们依赖的不仅包括在任何一个时间点有可能聘用我们的雇主,还包括所有未来的雇主。提升自己有助于未来找到工作,而时间只要没被用在这件事上,就算浪费。20 世纪最后几十年中对生产力的提高集中在企业层面,流程被削减到只剩最必要的基本结构,但今天的打工人则被要求对他们自己的性格动刀。一度主要作为国家统计问题的生产力,现在变成了一种受应用程序和改善建议引导的精神,其目的是让你成为最好的自己。这一改善的过程当然能够带来积极的结果,能让我们感到满足，但问题在于，我们之所以改善自我是因为找到工作的机会越来越渺茫。其次，就空闲而言，两股互相作用的趋势——搜刮数据的互联网平台的兴起和所谓的兼职工作的兴起——以不同的方式让我们的空闲变得更像工作。

1951年，哲学家西奥多·阿多诺（Theodor Adorno）对工作与空闲的僵化区分和爱好与工作的完全割裂表达了担忧。他认为，这种分割完全否定了从工作中获得快乐与满足和在空闲中进行反思的可能性。而要想取代这种分割，"只有狡猾地将乐趣与工作交织在一起……才能顶住社会压力，为真实的体验留下开放的空间"[1]。另一方面，他认为空闲中存在某种虚假的忙碌，"每个人都必须无时无刻不在忙着点儿什么。空闲必须被最大程度地加以利用"。这些"占据空闲时间的事"指的不是兼职——能变现的爱好，打磨个人简历，以及如今许多年轻人表示他们为了学习技能觉得自己不得不参与的活动——而是参观"每一处能想到的地

---

[1] Theodor Adorno, *Minima Moralia* (London and New York: Verso, 2005), p. 130.

点与景观，或者就是以最快的速度旅行"[1]。如阿多诺所言，这些担忧是人们在许多年前"做梦都想不到的"，他发现的问题——强迫自己在与工作被区分开的空闲中享受外在可见的忙碌之乐——似乎过时得离谱。但与工作和玩乐被一分为二相比，玩乐在当下成了一桩严肃的生意。根据雷丁大学（University of Reading）亨利商学院（Henley Business School）的调查，英国四分之一的成年人有"副业"——主业之外的第二份职业或工作。该现象如此普遍，其部分原因在于人们很难在一个工资停滞不前、兼职或零工时岗位越来越多的年代找到薪水优渥的全职工作，但这不能被解释为73%从事"副业"的人这么做是为了追求激情或寻找新的挑战。许多人正在将我们通常理解为工作之余的活动，也就是他们的爱好和休闲活动，看作能被转化为工作的事。最常见的副业有手工制作、写书、投资股市、在线买卖和写博客或当视频博主。[2] 据

---

[1] Adorno, *Minima Moralia*, p. 138.

[2] https://assets.henley.ac.uk/defaultUploads/PDFs/news/Journalists-Regatta-Henley_Business_School_whitepaper_DIGITAL.pdf（上次访问时间2020年12月）.

调查，从事副业的人在 16 至 24 岁的年龄群体中占 34%，在 25 至 34 岁的年龄群体中占 37%。当然，从事多个工作并不是什么新现象，尤其是对那些遭受性别偏见、聘用流程中的种族歧视或没有居住国工作许可的人来说。纵观资本主义的历史，即便是在有时间限制、有保障的终身工作如日中天的时代，仍有许多人在正规与非正规的经济活动中同时干着数份工作。尽管副业和主业间的平衡会在资本主义的不同时期有变化，这样的变化也的确发生了，但这一变化中的关键不仅仅是人们花在副业，或兼职，或第二份工作上的时间，还在于人们将爱好和兴趣当作能被，甚至是应该被变现的事来对待。这就是对日常生活的打工化（jobification）。

打造身份与社交媒体

英国 70% 的成年人拥有社交媒体账户，花在网络上的每五分钟里有一分钟是被用在社交媒体上的。尽管社交媒体平台有年龄限制，但在 12 岁的年龄群体中仍有半数拥有社交媒体账户。[1] 逾半数世界人口使用社交媒体，但他们的使用方式不尽相同。一些人或保持匿名，或将他们的个人资料设为不可见，并只对其亲近的朋友展示他们的近况。对其他人而言，尤其是年轻人和一心想出人头地的人，社交媒体成了他们打磨自己的身份的地方，如马雷勒·普凡嫩贝格（Mareile Pfannebecker）和詹姆斯·A. 史密斯（James A. Smith）这两位学者所言，你的"社交媒体成了不断滚动更新的展示文件夹，一份影集一样的个人简历"[2]。即便对那些不在社交媒体上处理类似于工作或工作培训的事，以及不用社交媒体打造自己品牌的人而言，我们的活动本身也会通过数据采集被自动变成让平台巨头有利可图的劳动。年轻人使用社交媒体的方式通常是被嘲讽的对象，动动手指、感慨"我小的时候"、动不动就以偏概全地控诉互联网这个美丽新世界可能带来的

---

[1] https://ofcom.org.uk/__data/assets/pdf_file/0024/149253/online-nationsummary.pdf（上次访问时间 2020 年 12 月）.

[2] Mareile Pfannebecker & James A. Smith, *Work Want Work* (Zed Books, London, 2020), p. X.

伤害。虽然这种道德说教通常未能正确认识问题，但<u>互联网塑造社会关系和权力关系的方式</u>的确让人感到极其不安。即便是在不匿名的时候，<u>互联网让人们能比以前更快地与彼此沟通交流</u>。这在某种程度上令人惊讶不已，你能和地球另一边的朋友保持联系，而你实现这种方式需要耗费的精力比以前要少得多。但这种即时通信的可能性，这种无法让自己离开发光的荧幕的可能性，或许并不是一件好事，尤其是当你在网上看到的东西只会让你觉得沮丧的时候。

其实"社交媒体"或"社交网络"这样的词有误导性；如作家理查德·西摩（Richard Seymour）所言，这些都是构成"社交工业"的企业。他认为，这种工业"能通过生产和收集数据，以数值的形式物化和量化社交生活"。当我们在网上游戏放松的时候，我们其实是在把有关我们的各种信息拱手交给平台。这不仅仅是一个隐私问题，对这些企业而言，我们的社交倾向、我们关心他人的能力和对他人的兴趣、我们对我们在他人眼中的形象的顾虑，都将变得明白易懂，并成为它们获利的途径。想用社交媒体平台没有错，但问题在于，我们是被鼓动着使用这些平台的，我们与他人的联系感和我们在看到新通知时的多巴胺冲动都是在这样的鼓动下产生的，而在这整个过程中，我们的能力、欲望和行动都变成了劳动。我们或许认为我们是在与我们的朋友或平台的其他用户交流，但西摩提醒我们，我们其实是在跟平台交流，"跟机器在交流。我们写给机器，机器在保留完数据记录后才为我们传递信息"[1]。如果说我们的闲暇生活一度在时间与空间上与我们的工作日常被分隔开来，那么我们现在的闲暇生活正在成为社交媒体平台获取利润的原材料，而且其占比越来越大。

那么，我们为何不停下这一切？我们为何不能远离社交媒体？我们为何不能付诸行动，保护我们的欲望和社交关系不受网络世界不好的影响的伤害？这里的一个关键问题在于，我们想与之交流的人和最常使用的交流方式就是社交媒体。远离社交

---

[1] Richard Seymour, *The Twittering Machine* (London: The Indigo Press, 2019), p. 23. （编按：本书已由拜德雅图书工作室引进出版，中译本书名为《推特机器：为何我们无法摆脱社交媒体？》。）

媒体就意味着被排除在外。另外：手机也是让人爱不释手的物件。它们的设计初衷就是为了被捧着、让拇指在其上滑来滑去，手机的界面设计就是为了吸引我们的注意力。社交媒体也是这样，这些应用程序和网页就是被设计来吸引你的注意力的，为了让你一直盯着屏幕，时间越长越好，这样它们就能在你身上实现利润最大化。但除此之外，社交媒体一般来说是让我们觉得愉悦的地方，即便有时它让我们有机会表现出我们最糟糕的一面，也就是我们清楚对人对己都有害的一面。它抓住了我们对联系的需求、我们的嫉妒心、我们的社交焦虑、对他人的迷恋，它不仅利用这些特点，还有能力塑造我们在这些事上的体验。社交媒体带来的乐趣名副其实。网红和在线上创业的人展示出的生活方式五光十色，令人向往——虽然没人会认为社交媒体上的内容是真的，但人们想获得赞助，想要免费的餐食、其他赠品、度假，甚至是网红们所展示的似是而非的"真实感"没什么可大惊小怪的。社交媒体用户在浏览推送和有意识地操纵自己向他人展示的形象时所感到的那种诡异的快乐，助长了对人类历史上大多数时间的大部分人来说不可能实现的对身份的打造。

教育的虚假承诺

随着我们花在昂贵的工作培训上的时间越来越多，以及退休的可能性变小导致我们工作时间延长，工作不仅神不知鬼不觉地潜入我们的空闲时间，它在我们生活中占据的比例也越来越大。所有这些工作和类似工作的活动，都是为了找到一份越来越难找的工作。最能说明这一悖论的例子莫过于教育。我们把越来越多的时间用在接受错综复杂的培训上，并因此背上了巨额债务，而这样做只是为了换取一份有保障的工作，虽然这样的机会越来越渺茫。教育和工作间的联系历史悠久。事实上，成立教育机构的目的通常是为特定工作训练员工——从僧侣到老师，再到修理工。但资本主义充满竞争的工具性整合力量则让教育更加以工作为导向。

学校教育的历史就是排挤的历史。这与优绩主义教育的神话大相径庭，但这是真的：在学校教育的每一个升学阶段都有儿童和年轻人被淘汰，有些人受到了成功的青睐，其他人则成了炮灰。对工薪阶层的孩子而言，每一个出人头地的聪明孩子身后都有成千上万人被淘汰出局。我们的学校系统加剧了不平等，对那些已经错失机会的人来说，学校教育让形势对他们更加不利。机会的减少正是这些不平等的体现。来自工薪阶层的学生的选择越来越少，而这种减少却被表现为不可避免、不成问题的正常现象。工薪阶层出身的法国社会学家迪迪埃·埃里蓬（Didier Eribon）在回顾他的童年时，将教育的过程形容为意识到"一切都被提前安排好了"，签已经被提前抽过了。他写道，"教育系统内的选择是通过自我淘汰的过程进行的，而自我淘汰则被视为一种自由选择：进阶教育是留给另一种人的。"[1]

在教育的每个升学阶段甩掉越来越多的学生，这样的做法有利于为有些人的工作好于其他人提供合理化理由。如果他们想找到更好的工作，他们就应该更努力学习。这种淘汰是什么样的？形容这一

---

[1] Didier Eribon, *Returning to Reims* (Penguin, London, 2019), pp. 46–7.

流程时所使用的比喻，例如评论员和慈善机构使用的"管漏现象"（the leaky pipeline），让这种事听上去很正常，没什么大不了的。但在现实经历中，学生们面对的却基本上是一方面过于严厉，而另一方面未能给予学生适当帮助的学校。教育机构——由私企或私人组织经营的学校，英国的大部分中学目前都是这种情况——经常用它们强硬的管教方式谋私利。这种做法在实际操作层面意味着让学生停课回家，或不准他们放学后回家，或因为小过错罚他们关禁闭。这很容易给人危言耸听的感觉。并不是每所教育机构都会因为学生在老师进教室时忘了站起来而让他们停课回家，虽然的确有教育机构这样做。但裁员——根据英国教育联盟（NEU）的数据，英国教职工人数在 2016 年 11 月至 2017 年 11 月减少了 14300 人[1]——和强硬手段越来越常见这两者叠加在一起的事实，确实意味着学生被要求停课回家的可能性升高，而当这样的情况发生时，学生中断学业的可能性也随之升高。被关禁闭的学生很少

---

1 https://neu.org.uk/press-releases/neu-survey-shows-widespread-funding-andworkload-pressures-school-support-staff（上次访问时间 2020 年 12 月）.

能在做作业时得到帮助,有时他们甚至都没有作业可做。一名教语言的老师曾经告诉我,他的一名学生由于前一年的大部分时间都在禁闭中度过,以至于他去参加英国中学教育普通证书(GCSE)西班牙语考试的时候都没学过这门语言。

历史老师亚当(Adam)向我解释了已经存在的不平等是如何在大学预科中变本加厉的:

> 上学期间兼职打工的学生在工薪阶层中占比更高,而他们的中产阶级同学则大多不用工作,因此这种阶级差距在预科的那两年中不断扩大。来自工薪阶层的学生疲于应付学校课程,上学之余他们还要忙于工作,所以他们没有足够的时间来完成他们本可以完成得很好的学业。

这一切都对年轻人造成了严重的影响,报告称他们的精神健康状况创下了历史最差纪录。学校考试,甚至是学校日常安排的强度之高,让年轻人群体感到劳累不堪、身心俱疲。这种压力的源头各式各样——有时来自老师，有时来自家长，有时则来自学生自己。

大学一度是一小群 18 岁年轻人的专属活动。对某些事进行高层次的研究、探究世界、做大学生才会做的那种十分严肃或十分无聊的事，曾经是少数富人才能享受的特权。1950 年，只有 3.4% 的年轻人能上大学。[1] 20 世纪，大学越来越面向更广大的群体。这在很大程度上改变了成千上万人的生活。准确来说，越来越多的人有机会和与他们志同道合的人学习他们感兴趣的专业极为重要。分析和理解世界的能力不应该是少数富人的特权。但当代大学与前沿研究的关系并不大。这听上去可能让人觉得不可思议——难道上大学不就是为了学习某个特定专业吗？——但学历越来越被人当作仅仅是为了找工作而进行的训练。事实上，从大学第一天起，学生们就被提醒提高自己的求职优势有多重要，以及他们就读的新大学能给他们提供怎样的就业机会。在这种情况下，为学问本身、思想解放或集体利益

---

[1] https://timeshighereducation.com/features/participation-rates-now-weare-50/2005873.article（上次访问时间 2020 年 12 月）.

而学习,就成了不可能的事。

那么,高等教育拓宽眼界、解放思想的可能性去哪儿了?这种堕落的转变源于2010至2015年联合政府治下的英格兰地区(英国的教育体系按英格兰、威尔士、苏格兰和北爱尔兰划分)高等教育资助模式的改变。虽然之前的新工党政府已经引入了学费制度,但高等教育市场化是在保守党和自由民主党政权下发生的事。有必要指出的是,这些转变对学生个人而言极其不公,学生越穷,最后要还的钱越多。但较少被提及的一点,是这些转变给大学带来了怎样的毁灭性打击。大学的收入来源从曾经的财政拨款变为如今的学费:学校按学生人数收钱。这一转变背后最初的想法是为了提高标准,但实际效果却背道而驰。大学现在永远处于招生状态,他们或购买各种噱头,或篡改数据,只为让自己的课程比其他大学的更吸引人。大学用来吸引学生和用于主流排名中的,是类似于未来工作前景和高学历学生人数这样的统计数据。这种做法制造出一套循环逻辑:为了提高排名,学生们的分数被夸大;而排名越高意味着申请的学生就越多,学历也就越受雇主青睐。但这样做不过是制造了泡沫，并不能对教学的实际水平带来任何积极影响。

从教育的角度来看，这种泡沫不仅会让人觉得自己没有价值，而且存在误导性，还会造成伤害。在计算所谓的大学毕业生溢价时，所基于的年份一般都在 2008 年全球经济衰退以前，而且那时候上大学的人比现在少得多。就算不考虑这些与数字有关的问题，年收入的涨幅也只有大约 2200 英镑，这点钱甚至都不够偿还学生贷款的利息。[1] 此外还存在不同的平均水平。许多专业的平均收入低于其他专业——如历史系毕业生的收入低于医学系毕业生——男性的平均工资涨幅高于女性，白人的平均收入高于有色人种，身体健全的人平均赚得比残疾人多。

随着大学的重点从教学和科研转向招生，各个大学试图用更少的钱办更多的事，这样做的代价就是工作待遇。为了能与学生数量变化和资金波动保持一致，大学纷纷开始聘用越来越多的临时员

1　http://if.org.uk/wp-content/uploads/2016/07/Graduate_Premium_final.compressed.pdf (上次访问时间 2020 年 12 月).

工——该群体的薪水更低，雇主对他们的责任也更少。在短期临时合同的工作条件下，教职人员几乎无法决定，也没有时间准备他们的教学内容。如果将备课、教学、批改作业等所需的时间计算在内，他们的实际薪水甚至低于最低工资。

学生们收到的空头支票告诉他们：努力工作坚持学习，最终你会得到经济上的奖励，最差也能得到经济上的保障。在接受了近20年的培训，学习如何成为全面的企业家，如何最大程度地利用自己的性格和能力后，年轻人焦虑、痛苦、身无分文。他们背上了学生贷款、个人贷款或其他债务，他们要做好几份兼职工作，但最后他们却找不到一份有意义或至少是没那么糟的工作，这样的承诺很快就破灭了。而那些没上过大学的年轻人——另一半18至21岁的年轻人——往往会被遗忘，其中部分原因在于从事记者行业的人的阶级属性。大学毕业生身份能给人带来不小的帮助，而那一半年轻人在没有这一身份的情况下，和他们有学位的同龄人一样面对着贷款、糟糕的工作和工时长这些问题。

资本主义工作的工具属性如乌云一般笼罩着人

们余下的社会生活。对教育而言，这种工具属性让学习变得名不副实。真正的学习与工具性无关，它需要的是可能性，犯错的可能性和游戏的可能性。学习需要有来有往，相互学习、集体感和自由才是学习应该包含的内容。但这些可能性在当代教育中无处可寻。相反，中小学生和大学生学习的课程都是为了他们今后的工作，要取得成功的理念给他们带来了巨大的压力，他们还要面对各种不利的因素，而最棘手的莫过于他们被灌输的那种最根深蒂固的工具性观点，即要被加工的原材料是他们自己的性格。

6

工作对社会的影响

七座城门的底比斯是谁建造的?
书中充斥着帝王们的姓名。
难道是帝王们垒起了这些巨石?

——贝托尔特·布莱希特,
《工人读史时的疑问》

工作对我们个人造成伤害,它吞噬我们的时间,让我们几乎没空顾及我们自己或任何工作之余的其他活动。公司送给退休员工的传统礼物是便携式时钟,这一事实包含了黑暗的讽刺。但对整个社会而言呢?资本主义制度下的工作对我们的集体生活方式,我们对待彼此的方式和我们社会的架构方式又有怎样的影响?工作不仅只是我们每天固定时间内做的事,尽管这一时间一直在增加。工作也是资本主义剥削得以实现的流程之一,因此是资本主义得以存在的主要体制之一。该流程生产的不只有在某一特定工作场所内制造的单独产品,它也生产这个世界本身——它制造日常生活中的物品,从我们居住的房屋,到我们使用的科技,再到将这一切卖给我们、送到我们手里的基础设施——工作就是在建造世界。工作将各式各样的人类能力集中在一起。之所以说工作是在建造世界还有第二层含义:工作有赖于资源的结构性不平等,除此之外,工作利用并一再强化压迫性的社会准则和权力失衡。工作仰仗并固化的是各种不同的结构性不平等关系,尤其是阶级和所有权,以及性别和种族关系。

工作的产品——无论是物质还是非物质的——构成了我们所体验的世界。从消费者的角度来看，这有点像魔法。但正如亚马逊员工国际联盟（Amazon Workers International）的阿格尼茨卡·穆罗茨（Agnieszka Mróz）提醒我们的那样，"从火车上卸货、开叉车、从无尽的货架上取货并打包好以供分发的不是魔法，而是仓库工人"[1]。但对消费者而言，不管是被摆放在超市货架上，通过亚马逊会员服务（Amazon Prime）被第二天送上门，还是被 Instagram 上的网红拿在手里，商品是以完整的形象出现在消费者面前的。如果我们将商品视作客体，我们想到的往往是它们带给我们的感觉（合适、更好、目前更好、沮丧、被骗）或它们的营销方式。例如，塑造我们与手机的关系的，不是我们对其制造方式的知识，而是它能传达出何种有关我们的信息，以及我们以后还能怎样使用它。制造商品，并最终将它们送到我们手中的过程和所耗费的劳动却不为人所知。这种状况在现代电子产品

---

[1] 'Logistics Workers of the World: A Conversation with Agnieszka Mróz of Amazon Workers International', *Logic Magazine*, 11, 2020, p. 92.

上体现得尤为突出,这些产品往往是为了不被修理而被制造出来的。我们不清楚构成这些产品的零部件是什么。修理这些物品已经成了专业知识,这些被隐藏起来的知识,让本身具备内在淘汰性的产品的利润空间得以被包庇。电子产品不易被拆分成可被修理的零部件;就连寿命有限的锂电池也无法被拆卸和替换。笔记本电脑的电子部件通常被焊在一起——这种做法的早期实践案例是苹果公司 2010 年的 MacBook Air 笔记本电脑,其内存被焊在电脑里,这让当时零部件升级(在当时很常见)和家庭维修变得更困难。[1]在其后的笔记本电脑型号中,电池被粘在电脑外壳上,而使用定制螺丝的目的则是让打开设备变得更难。[2]

你需要一双受过特殊训练的眼睛才能看到某件物品中包含的劳动。这样的训练或许来自对某一特定技能或手艺的磨练,或许来自对制造流程时长、

---

[1] https://businessinsider.com/why-im-never-buying-an-apple-computer-again-2018-11?r=US&IR=T(上次访问时间 2020 年 12 月).

[2] https://gizmodo.com/apples-war-on-upgrades-continues-with-the-new-touchbar-1789002979(上次访问时间 2020 年 12 月).

操作动作和材料的了解，或许来自角度的转变。即便是在没有专业知识，不知道某些产品是如何被制造、如何被送到顾客手中、需要多少劳动才能完工的情况下，我们依然能重新调整我们对这个世界的认知：在面对眼前这栋建筑时，追问是谁在怎样的条件下建造了它。如果我们能做到这一点，我们就能将周遭的一切视为人为的产物，视为建造世界的劳动的产物。

共同的生活，隔绝的世界

不过，这种建造世界的劳动带来的好处却未能被平等分享。到目前为止，资本主义虽然有能力以此前无人能想象的规模生产财富，但没能给人提供获取这份富饶的平等渠道。更糟的是，由于能直接从中获利的只有一部分人，创造这样的财富加深了不平等。劳动建造了世界，但劳动也是共享一个生活世界的可能性被侵蚀的过程。资本主义的先决条件是不平等。这里的不平等和死板的排行榜所体现的那种不平等不是一回事。这种不平等往往闪耀着机会平等之光,并通过优绩主义体制的说辞得到了辩护。要让这样的不平等发挥作用,关键是只能让部分人有渠道获得资源。尤其是在不平等现象最根深蒂固的社会中,这种根本的不平等意味着共同的社会生活,甚至是相互理解的可能性都受到了严重的限制。思考该问题的方法之一,是借助哲学家杰拉尔德·A. 科恩(Gerald A. Cohen)的共同体原则理念。

科恩认为,共同体要求人们互相关心,甚至有时需要互相照顾。[1] 为了说明这一点,他举了富人某天觉得自己必须乘公共汽车上班的例子。虽然这名富人能够与他的司机形成一种自然而然的共同体之感,但他无法向那些经常乘公共汽车的人抱怨他乘公共汽车时遇到的难题。这两类人——根据他们财富的不平等——并不共享同一个世界,这让他们很难关心或照料彼此。[2] 科恩的例子中缺失的那种共同体之感也表明了公共产品的重要性,这些产品

---

[1] Gerald A. Cohen, *Why not Socialism?* (Princeton: Princeton University Press, 2009), p. 34.

[2] Ibid., p. 35.

由人们共同拥有，按照高标准被制造和维护，其目的是能被所有人使用。像样的公交系统、图书馆、体育中心和医院，使用方便——关键是要能提供愉悦，或者至少是友好的体验，能降低公众对排他性的私人替代设施的支持，这不仅能保证人们可以共享生活，也能为有需要的群体提供他们有能力负担的公共服务。

科恩的公共汽车例子对我们的讨论特别有帮助，因为它深植于人们对阶级和权力关系的体验和经历。我们对这类关系已经习惯到觉察不出它们的影响；它们就是事物本身的模样，有时它们甚至显得像是事物曾经和今后也一直会是的模样。富人在许多方面都过着与大多数人完全不同的生活，他们住在有门禁的社区，这些社区有时还自带保安。而亿万富翁甚至为他们自己建造了世界末日避难所，[1] 只不过没人知道谁能在世界末日后的未来为他们端茶倒水，在他们豪华的掩体内做一名帮佣。在科恩的公共汽车例子中，两个不同的生活世界只会偶尔

---

1 https://edition.cnn.com/style/article/doomsday-luxury-bunkers/index.html（上次访问时间 2020 年 12 月）.

发生联系，但在与此不同的情境下，也就是当这两个世界被更紧密地捆绑在一起时，会发生什么呢？

在雇主家中进行的服务工作可被视为极端情况，这样的工作免不了带来疑神疑鬼、怨恨，甚至是直截了当的伤害。2014年，谷歌公司旗下的Nest Labs收购了生产监控摄像头的Dropcam。谷歌于2015年夏发布了Nest Cam，这是一款1080p高清影像的室内用监控摄像头，它有夜视功能和声音及噪音报警功能，而且用户可通过程序远端观看视频内容。最后发布的版本添加了面部识别功能。[1]这款小型摄像头不仅被用来满足常规的家庭安全需求，还通常被用于监视保姆和其他在家中工作的员工。这类摄像头在英国并不常见，因为隐蔽使用摄像头在英国是违法的，但使用这类摄像头在美国是常见做法，监控在你家工作的护工并不违反美国法律。[2]这种情况表明以技术为窥探手段的事无巨细的侵入式管理是大趋势，而员工的表现则由其雇主

---

[1] https://bitchmedia.org/article/parents-surveil-nannies-erode-trust（上次访问时间2020年12月）.

[2] 美国部分州的法律不允许在卧室等私人空间内使用摄像头。

拥有和控制的软件和硬件监控。[1] 使用像谷歌 Nest 这样的监视摄像头不仅反映了逐渐加深的技术控制,也证明了不平等的资本主义工作关系导致了人们彼此间的不信任。

雇主对其雇员表现出的那种多疑可想而知,尤其是当工作涉及居家服务和护理工作要求的那种在私密空间内亲密的情感投入时。雇主或许会声称其雇员是他们的家庭成员,但如果情况果真如此,那么这个家里一定存在许多问题。在奉俊昊 2019 年的电影《寄生虫》中,雇主—雇员关系中内在的恐惧在金家连哄带骗地住进朴家时被戏剧性地凸显出来。金家人假扮成职业不同、毫不相关的潜在员工——英语家教、艺术治疗师、管家和司机——协力将朴家本来的佣人赶了出去。影片的戏剧高潮,始于金家四口趁着朴家人为小儿子庆生出游时,在其家中放松休息,随后便陷入了血腥的暴力。《寄生虫》对当代资本主义中的阶级冲突和阶级差异的描绘得到了高度赞扬,这部电影不仅让人目睹了住

---

[1] 参见 https://common-wealth.co.uk/reports/data-and-the-future-of-work(上次访问时间 2020 年 12 月)。

在地下室的金家四口穷困潦倒的生活，更揭露了财富带来的心理扭曲。在像自由资本主义民主体制这样声称与等级毫无关联的社会里，服务类工作成了某种令人感到担惊受怕的魔法。不平等让富人能在向他人支付微薄薪水的同时享受好生活，但富人必须要面对身处上流社会所带来的那种恐惧：这不单单是对失去权力的恐惧，也是因为这不是他们应得的，"下面的"人所知道的足以毁了他们。

朴家的阶级焦虑在约瑟夫·罗西（Joseph Losey）1962年的影片《仆人》（*The Servant*）中得到了类似的戏剧化呈现。在该片中，富有的托尼聘用了名为巴雷特的新男仆。但在影片结尾处，二人角色调转，托尼对巴雷特既害怕又依赖——这种依赖不仅表现在情感和实际生活层面，影片也暗示了托尼对巴雷特在性生活上的依赖。这两部电影均凸显了富人对其社会地位的多疑，生活在声称与等级毫无关联的社会中，这样的恐惧，被服务类工作中那种往往与个人和情感有关的亲密关系的特征强化了。富人意识到他们的支配地位可能既不正当也没有充分的理由，这让社会富裕阶层夜不能寐，他们用慈善捐款换取心安，通过假装自己和员工真的属于一个大家庭来安慰自己——只不过谷歌 Nest 摄像头不能少。假装员工是家庭一员，让员工难以理解他们作为雇员的权利，也让他们难以要求获得这一权利；而家庭本应拥有共同的利益，并为此妥协。将职场与家庭划等号的错误观念对员工而言是一种胁迫，这让他们无法要求获得自己作为雇员应有的权利。

工作、阶级和地位

到目前为止，我们的讨论主要涉及两个阶级——一个阶级出售他们的时间，另一个阶级购买这些时间并从中获利。我们不能忘记这个区别，这很重要。我总在强调这一点，因为这一支配我们的生活、决定我们的经济体系的根本，经常被忽略。但第一类人——必须工作才能生活的人——所代表的经验范围之广和层级差异之明显，让人质疑这类人中是否存在一致性。在那些只有工作才能生活的人中，有人从事的是安全、能带来满足感和受人尊敬的工作；有人不仅要对工资精打细算，而且他们从事的工作通常没有保障，也不怎么受人尊敬，或者干脆就是根本被人看不起的工作。即便是在新冠疫情期间，公共舆论表面上重新评估了何为"必需品行业"或"关键岗位工作人员"，这一概念往往指的是医生和护士，有时指的是英国国家医疗服务体系的全体员工，但其中鲜少明确包括医院勤杂工或清洁工。对那些从事护理工作的人而言，虽然他们死于新冠病毒的可能性是普通劳动年龄群体的两倍，[1]但他们基本上也都被忽视了。虽然送货司机和负责超市货架的工作人员对封锁下的生活的重要性偶尔会被提及，但对这些从事着不太受待见的工作的人而言，他们很少能得到折扣优惠或人们公开的感激之情。

这种疏忽或许与不同种类的工作所带来的程度不一的尊重有关。某些特定工作的社会价值被低估的原因之一，是这些工作与女性群体有关——被理

---

[1] https://nursingtimes.net/news/coronavirus/covid-19-death-rate-significantlyhigher-in-social-care-workers-11-05-2020/（上次访问时间 2020 年 12 月）.

解为女性工作的工作。照顾老人就是这样的工作，看护年幼儿童也是如此。这些工作通常由女性承担，尤其是女性移民。这些工作的价值之所以被低估，一方面是因为英国当代资本主义特有的极端的年龄分裂，另一方面是因为低龄儿童及幼儿看护和老年人护理工作的私有化和监管松懈。如果某行业或某工作与女性有关，或被"女性化"，这就意味着该行业或工作的薪酬很低，也不受重视。英国多个地方议会向从事餐厅服务员、清洁工和家庭护理等典型"女性"工作的女性从业人员支付的薪水低于同类"男性"工作，此事被揭露后，这些议会均面临了法律诉讼和行业劳工罢工。[1] 性别只是其中一个因素，但如果不反思专业工作、"白领"工作、"中产"工作——随你怎么称呼这些工作——以怎样的方式获得了远多于日常体力工作的尊重，无论这些工作是否需要特殊技能，是否按性别被划分，我们

---

1 https://bbc.co.uk/news/uk-england-manchester-16844478（上次访问时间 2020 年 12 月）; https://theguardian.com/society/2019/jan/17/glasgow-councilwomen-workers-win-12-year-equal-pay-battle（上次访问时间 2020 年 12 月）; https://bbc.co.uk/news/uk-england-birmingham-24383352（上次访问时间 2020 年 12 月）.

就无法理解某些工作的社会价值为何会被低估。上述两个类别——专业和非专业——可能既模糊又富含争议。行业或工作所扮演的角色,可能因其包含的社会价值受到异议而发生改变(某项工作是否被认为是重要的,以及"重要"本身的含义),但这两类工作的区别——专业工作和非专业工作——依然存在。专业工作除了薪水高之外,还能给从业人员带来更多的自主性和自我提升空间,至关重要的是,这些工作往往能让从业人员获得他人的认同和尊重。专业工作的薪水可能会变少,正如过去十年中——2020年的小幅改善除外——在公共服务领域内,教师、救护车司机、大学教职工、护士等的薪资均遭到了实质性的大幅削减。[1] 但即便这些工作的薪水和条件出现下滑,但其社会地位依然没有改变。在某些情况下,这些公共领域的专业工作提供的平均薪水甚至低于某些有技能需求的体力工作。尽管如此,它们仍能给从业人员带来认同感、自尊和社会资本,对个人而言,这不仅能带来优势,还

---

[1] https://theguardian.com/society/2017/jul/03/damning-government-reportshows-scale-of-public-sector-pay-cuts(上次访问时间 2020 年 12 月).

能提供如公平、尊严和维护公众利益等一系列可被用来为加薪和改善工作条件公开辩护的理由。

给女性的工作

2017年5月,英国时任首相特雷莎·梅(Theresa May)在其再度竞选的游说活动中,称她家里有"给男性的工作"和"给女性的工作",该发言随后招来了严厉的批评。这句在轻松惬意的采访中脱口而出的话,让梅给自己塑造的女性主义人设瞬间崩塌:什么样的女性主义者会持有按性别划分家务劳动这样如此过时的观念?这场轩然大波中有趣的地方不在于特雷莎·梅是否是女性主义者,也不在于她是否不加批判地接受或拒绝挑战既定的性别观念(尤其是她在紧缩时期的表现和恶劣的政府环境与女性主义一点儿关系都没有),而在于人们本能地知道哪些工作可能是给男性的,哪些可能是给女性的。任何繁重,或需要使用工具和不是每天都能用到的技术的工作,是给男性的;而包含日常技能,需要心灵手巧或主要任务是提醒和记忆的工作,是给女性的。女性负责的可能是在线购物，而男性则负责把那些东西搬进屋。无论我们喜欢与否，也无论我们是否试图挑战，按性别对劳动进行分工的确是许多有关人应该如何行事的既定观念之一。我们可以将这些实践理解为一种意识形态被精简后的可能形式。它们不仅依赖于既有的性别观念，而且不断对其进行重复。

低薪工作——一般被认为是"脏活儿"，通常存在于收入低且不受社会重视的行业中的工作——如何既导致了现有的权力关系，同时又是其结果，才是我们应该思考的问题，而不是少数幸运儿如何从被压迫的群体中脱颖而出，跻身专业工作阶层这一上流社会。当我们以这样的方式去反思工作时，女性工作中存在的问题就不再只局限于缺乏踏上某些（受尊重的）职业生涯的途径，而在于特定联想定式的积重难返——女性低声下气、关心他人和未受专业训练的形象，以及男性强壮、受过专业训练和不在乎别人的形象。从历史上看，构建受过专业训练和未受专业训练这两种劳动，就是对工作中的性别进行体验和规划的核心机制。当然，部分工作对技能的要求的确高于其他工作：某些工作只要求普通训练，大部分人通过学校和基本的社交训练就能获得（其中也可能涉及对不同性别不同技能的社交训练），而其他工作则要求特殊训练。不过，将通常由女性完成的工作排除在技术性工作的法律和社会范畴之外，是一种压制女性收入的方法。慈爱的妻子－母亲奉献出自己的时间照顾他人的女性理想，首先有助于保证女性承担大部分无偿的家务劳动，其次还有助于这样的理想渗透进有偿工作的领域。护理工作通常要么相对收费低廉，要么完全免费。当工作从"男性"变为"女性"时，其地位和薪资会随之降低，尤其是在男性工资被视为承担了全家所有开销的"家庭收入"这一观念出现，并在 19 世纪成为主流后。[1]

将技能与工作中的性别联系在一起，这般建构不仅源于上层的规划，也得到了以男性为主，专为

---

1 Pat Ayers, 'The Making of Men: Masculinities in Interwar Liverpool', in Margaret Walsh, ed., *Working out Gender* (Ashgate, Aldershot and Brookfield, 1999), p. 67.

技术类工作划界的工会的支持。[1] 在种族（race）和族裔（ethnicity）中[2] 也存在类似的模式：日常工作实践不仅制约了人们对种族和族裔的理解，也成为这些观念的前提条件。文化关联、思维定式和简单化的理解贯穿其中，强化了与族裔或种族群体有关的刻板印象（如节俭、懒惰、勤劳或有暴力倾向），这些不仅源于工作，也通过工作被重新塑造。作家兼女性主义者奥德丽·罗德（Audre Lorde）在与她年幼的孩子购买食物的过程中，看到一个与母亲一起外出的年幼的白人孩子指着她的孩子说道："妈妈，快看，那儿有个童仆。"[3] 在英国从事护理或清洁工作的黑人女性更有可能在公共部门，而不是私人家中工作，工作内容没有变化，但工作环

---

[1] Joan W. Scott, *Gender and the Politics of History* (New York: Columbia University Press, 1999, eBook).

[2] "race"强调根据外在特征，如白人、黑人、黄种人等；而"ethnicity"强调语言、文化等内在特征，如华裔、印度裔等。——译者注

[3] Barbara Ehrenreich and Arlie R. Hochschild, *Global Woman: Nannies, Maids, and Sex Workers in the New Economy* (London: Granta, 2003), p. 192.（编按：罗德是一名黑人，她与前夫［白人］埃德温·罗林斯［Edwin Rollins］育有两名孩子。）

境大不一样。[1] 这并不意味着这样的划分所揭露和维系的种族等级没有那么严重——截至1930年，美国五分之三的黑人女性从事的是家庭帮佣的工作[2]——但具体的表达方式有所不同。这其中存在一种十分特别的暴力形式，以至于从事了多年公共服务后，包括照顾社会中某些最弱势的群体，疾风一代（在1948年至1973年移民到英国的一代人）[3]的加勒比海地区移民仍无权获得各项福利和医保，甚至还遭到遣返。医院搬运工、护士、清洁工和护工的工作至关重要。这类工作维系着人的生命，但其地位却很低，这样的地位与有害的种族和性别理念脱不了干系，后者创造并维系着这样的地位，导致了那些受雇于这类工作的人受到了残酷的对待。

---

1 Lucy Delap, *Knowing their Place; Domestic Service in Twentieth-Century Britain* (Oxford: Oxford University Press, 2011), p. 17.

2 Angela Davies, 'The Approaching Obsolescence of Housework', *Women, Race, and Class* (New York: Vintage, eBook), p. 214.

3 "疾风一代"，即"the Windrush generation"，源于1948年，英国颁布国籍法，宣布承认其殖民地公民拥有英国公民权后，从加勒比海地区搭载劳工及其子女前往英国的"帝国疾风号"客轮（Empire Windrush）。"疾风一代"的名字随着2018年的遣返丑闻为人所知。——译者注

大自然的成果

讨论资本主义制度下的工作，意味着我们不可能对资本主义通过工作和人类劳动对这个星球造成的破坏闭口不谈。一些破坏就是现代职场带来的大量垃圾：一次性咖啡杯，打印出来的会议安排，企业品牌制服，以及每当工作被外包出去时就被扔掉或重新制作的一切。还有一些破坏则来自资本主义工作产出的浪费和污染，要么是由工作活动带来的，要么是那份工作的先决条件即是如此，就连污染最少的工作场所也不例外。由利润驱动的体制首先忽视的就是其导致的环境恶化，维持利润总是首要任务。气候危机对世界上许多地方来说都已经是真实存在的现状；我们才刚开始目睹越来越多的干旱、农作物歉收和风暴，尤其是在发展中国家，虽然它们在导致这场危机的原因中所承担的责任最小。即便在相对安全的英国，极端天气情况也越来越频繁，如洪水和极端高温，这些极端天气在资源最少的地区造成的危害最大。

资本主义工作还在地理景观上留下了它的痕

迹。有些痕迹显而易见（被砍伐的树木、从地里被挖出的矿石、铺设的道路和铁路），但有些痕迹并非总能轻易被看到。其中一个例子就是抗生素。自1928年被发现之后，青霉素从1940年代开始通过美国的新型农业综合产业模式被工业量产。出现在工业生产之外的青霉素量很小。在大规模生产出现前，能治愈大批盟军的灵丹妙药——青霉素——在前线被回收使用；服用过青霉素的士兵的尿液被收集再利用。[1] 自1940年代早期起，细菌能对抗生素产生耐药性的事实为人所知。当时，人们猜测这是在物竞天择的压力下纵向遗传导致的特征。但随后的基因研究表明，耐药性同样能被横向传播，也就是通过质粒等流动的DNA片段——DNA染色体外环——这些流动的片段能在接合的细菌间"跳跃"。抗生素在微生物圈层面引发了大量变化，它增加了可在细菌间传递的潜在耐药性机制的可能性。当细菌迅速获得新耐药性机制时，这一点就会显现出来，正如鲍氏不动杆菌，这种本来存在于土壤中的良性

---

[1] Hannah Landecker 'Antibiotic resistance and the biology of history', *Body & Society*, vol. 22, no. 4, 2016, pp. 19–52, p. 25.

细菌，后来成了对抗生素存在耐药性的病原体。研究显示，仅一次横向传播的发生就让细菌获得了45个耐药基因。[1]

鲍氏不动杆菌因其普遍存在于美军位于伊拉克的医院而被称作"伊拉克细菌"，该细菌从美军医院扩散至伊拉克本土和美国本土；严厉的制裁、新帝国主义战争及其他美军资本旗帜下的"干涉"，正是鲍氏不动杆菌出现耐药性的大背景，这种细菌就是人类活动如何深刻地影响自然世界的明证。现代生命科学历史学家兼社会学家汉娜·兰德克（Hannah Landecker）建议我们在她的"生物学历史"这一理念框架内考虑这些影响，也就是人类历史在细菌的存在中留下的有形痕迹。从这一理念角度出发，自然就不再是处于人类生活之外，刺激人类行动的系统；相反，自然能被人类从根本上改变，且人类本身就是其中的动态组成部分。兰德克指出，对抗生素的耐药性，就是由人类活动引起的晚期资本主义集体生态环境，也就是说，如今的细菌不同

---

[1] Ibid., p. 32.

于现代抗生素出现前的细菌——无论是从生理上、医学上,还是从生态环境上看。

抗生素能处理曾经极有可能造成致命危险或改变人生的感染。抗生素还通过降低感染可能性提高了手术、器官移植和化疗的可行性。如今分娩的危险也因此大幅下降。虽然抗生素的重要性显而易见,且现存种类的有效性正在降低,但自 1980 年代以来,并没有新的抗生素面世。抗生素的生产成本高昂,关键是抗生素无法被大批量销售——新抗生素应该作为最后的药物手段——或以高价销售。这就意味着抗生素研究和开发几乎没有任何市场驱动力。与此同时,气候危机有可能导致传染病数量增加以及流行度增长。[1] 资本主义下的工作无法给我们带来避免气候灾害而需要做出的深刻改变,这些改变可能会,也可能不会影响我们的生活水平。生活水平或许能被维持,或许甚至能得到提升,生活水平当然还有可能下降,这样的可能性不相上下,差不了多少。无论如何,我们可以肯定的是,资本

1　https://who.int/globalchange/summary/en/index5.html(上次访问时间 2020 年 12 月).

家的期望——他们想继续营利和投资——一定无法与生命的延续共存。想同资本家斗争,我们就必须在多条战线上深化行动:他们不会轻易放弃有利可图的老规矩。正如人类生态学讲师安德烈亚斯·马尔姆(Andreas Malm)警告的那样:"没人能真的说服统治阶级采取行动。他们不会轻易听劝:警笛声越响,他们拼命扔进火堆里的东西就越多,所以改变方向应该被强加在他们身上。"[1]

我曾和 Common Wealth 智库的资深研究员阿德里安娜·布勒(Adrienne Buller)讨论过资本主义对环境意味着什么的问题,她是一位气候活动家和作家。她告诉我:

> 从根本上看,金融主导的资本主义已经制造出惊人的财富和经济实力的不平等。正是这些不平等导致了气候和环境灾难,如果不设计出一个更加平等的全球经济体系,我们就无法保证我们能有一个适宜居住的星球。

---

[1] https://jacobinmag.com/2020/10/ende-gelande-climate-justice-movementnonviolence(上次访问时间 2020 年 12 月).

工作是体验资本主义的核心制度。它是榨取价值的场所和过程，这一过程在自然世界中留下的痕迹与它在个人身上留下的一样多。所有的结构性不平等都是资本主义和资本主义工作的先决条件和产品。工作有改变世界的能力，是因为各种各样的人类活动拥有改变世界的能力。但正如目前的状况，这些能力被注入了能带来大规模伤害的活动中；这些吃人的力量被注入了毁灭人类生活的活动中。

7

翘班和偷懒：职场中的抵抗

7 翘班和偷懒：职场中的抵抗

SLANTY马桶的马桶圈保持着8至13度的倾斜。这一角度意味着坐在马桶上要不了多久就会变得不舒服；倾斜角度达到13度时，坐在马桶上超过5至7分钟就会觉得痛苦。[1] 设计倾斜的马桶座是为了减少人们花在厕所里的时间。推出这款马桶的公司坚持强调其对健康的好处，称坐在马桶上的时间越短越卫生，这样还能降低患痔疮的风险。情况可能的确如此，但这样的马桶圈对因健康状况而需要较长如厕时间的人来说并不友好。SLANTY马桶的另一种推荐用途是提高职场效率。该公司称"一个人花在工作空间（原文如此）洗手间内的时间平均比其所需的时间多25%"[2]，雇主能够通过安装很快就让人感觉不适的马桶来提高生产率。这里的马桶可能看起来像是一个有争议的例外，但它代表了为控制员工无所不用其极的管理方法。它用生动、难堪的细节向我们展示了职场内的核心趋势：用管

---

[1] https://bbc.co.uk/news/technology-50835604（上次访问时间2020年12月）.

[2] "原文如此"即sic，常被用来表示所引用的文字原文可能有问题。作者可能意在指出括号前面的"工作空间"（work space）应为"工作场所"（workplace）。——译者注

理来确保员工忙碌的时间越多越好。这样的管理有时通过日程安排来实现,有时通过向那些晚上加班的员工提供免费的披萨和啤酒来实现。完全用暴力确保员工工作的方法已不常见,取而代之的是软手段,隐蔽性更高的强迫,就像悄悄抬高角度的马桶圈,它提醒你上班时的时间不是你自己的:这些时间是公司的,他们会尽其所能保住其中的每一秒。

但如果你拒绝接受这些会怎样?如果你在确保没人发现的情况下停下手中的工作会发生什么?这样的提议听上去就像是最不可思议的梦想成真,或是头脑发热时做的梦,但69岁的西班牙公务员,乔安奎·加西亚(Joaquin Garcia),就做到了这一点。除了继续领工资外,被西班牙报纸称为"神隐公务员"(El Funcionario Fantasma)的加西亚翘了6年的班。他最终被罚没收1年的工资,还是税后价。这也不是笔坏买卖。[1]

虽然我们大部分人只能梦想这样难得的事发生在我们身上,但我们中的许多人确实在想方设法拿

---

[1] https://bbc.co.uk/news/world-europe-35557725(上次访问时间 2020 年 12 月).

回属于我们的时间、自主性或想法,这些行动或发生在职场中,或在职场之外,有时在两种情形下都存在。我们不妨从最常见的反抗形式说起:职场中的个人反抗。在我之前的一份工作中,我的一位同事总是会在办公室里走出一条尽可能长的路线,在不同办公桌之间来回穿梭,专门与其他同事不期而遇,鼓励他们加入在漫不经心的旁人耳中足够严肃、与工作的联系也足够紧密的闲谈。这种操作十分常见。一项调查发现,办公室雇员平均将 50 分钟的工作时间花在逃避工作上。[1]

当然,我们在应该工作时所做的一切并不都是为了享受或消遣。偷打电话或刷手机的行为提醒我们,工作危机也是社会再生产的危机;我们在被期望着承担更多的有偿工作的同时,也被期望着承担更多无偿的护理工作,原因就是福利资源的削减。但对许多人而言,个人对工作的反抗是为了逃避重复的工作带来的无聊,以及职场中恬不知耻的愚蠢让人感到的沮丧。

---

[1] https://independent.co.uk/life-style/50-ways-of-slacking-off-at-work-a8137436.html (上次访问时间 2020 年 12 月).

偷懒分类学

职场中最常见的抵抗方式，或许是让我们能够强调自身自主性的偷懒行为，无论这样的表达有多么受限。或者至少在上厕所的时候，我们能躲开我们的经理和同事。那些偷回来的片刻，是我们对最令我们感到气愤的管理宣言的反击，那是发生在争夺控制权的长期斗争中的小规模冲突。其中的第一类方式主张我们短暂地拿回我们的时间。延长午饭时间，在有人抽空抽烟的时候跟他们待在一起，甚至是自己开始抽烟，在社交媒体上闲逛，并在有同事经过我们身后的时候迅速打开一张电子表格或WORD文档，或者直接在工作时间应聘其他工作。

这些争夺时间的小聪明可能令人感到兴奋，也可能仅仅是度过工作日的一种手段。正如商店知道小偷小摸会带来损失并为之做准备一样，雇主也清楚他们要为偷懒留出多余的时间。这些时间在不同的行业是不一样的，员工被允许的偷懒程度取决于从事这些行业的人手中的相对权力，该工作在人们心目中具备的声望或专业程度，以及监控该工作的技术可能性。

在英国的工业化进程中,工厂所有者经常向工人隐瞒时间。他们通过调快和调慢时钟偷偷地缩短休息时间,从而达到利润最大化。工人虽然知道这一点,但他们对此无能为力,而那些自己有手表的人甚至最终遭到解雇。[1] 在当代职场中,时间的战争有所不同。老板们或许不会来回调表,但在许多工作场所内,管理层尝试培养员工对公司的责任感和忠诚度——这种意识超过了合同中的工作内容,是在鼓励员工不断地提高他们的表现。只完成聘用合同中规定的工作是不够的:你必须时刻提高自己、开发自己。当然,永远被困在同一个角色中会让人觉得无聊,没有晋升机会和得不到加薪会对人造成伤害。但永远都要变得更好的要求指的往往不是为了将来晋升而表现得更好,这就是常规预期。这样的要求意味着,工作时间内的工作强度会增大,不断改善的要求代表了无法实现并总在移动的地平线,员工失去的时间越来越多。尽管员工想方设法

---

1 E. P. Thompson, 'Time, Work-Discipline, and Industrial Capitalism', *Past & Present*, no. 38, 1967, pp. 56–97, p. 86.

从工作时间中为自己挤出时间，但管理安排加剧了工作流程的强度。

职场中的第二类抵抗方式所针对的，正是这种高强度及因此被偷走的时间。我们可以将这类行为大致划分在一起，称之为"躲避管理的策略"，其中管理指的是经理本人和能或不能与经理分开的管理手段和技巧。其中一种方法是经常居家办公，如果你不在办公室，经理监控你工作的能力就会被大幅降低。居家办公有时也免不了需要偷懒来抢时间：有位熟人告诉我，他早上第一件事是在床上登入自己的远端计算机桌面，然后再倒头睡几个小时。居家办公可能意味着要用更长的时间，或在不同时间段处理工作。远端监控虽然在英国基本属于不被允许的行为，但在新冠疫情封锁期间，有意用软件查看员工活动的公司数量大增。这类技术往往承诺专注于改善团队氛围或员工的健康状况，而这样柔和的叙事正是这些软件得以被常态化的途径。

另一种常见的策略是找到能让你变得不可或缺的方法。如果你是唯一了解某些事如何运作的人，而那件事在你工作的地方很重要，那么你就有方法提升你对自己日常活动的掌控力。这种情况带来的改变有时微不足道。如果你精通电子表格，而你的其他同事连完成复制粘贴都费劲，你就能掩饰你究竟需要多久来完成某些工作的事实。如果没人能看明白你在干什么，就没人能像监控和管理那些日常工作简单明了的人一样对待你。例如，你是H&M的销售助理，某天被分配到牛仔裤区工作，如果你没能保持每条牛仔裤被叠放整齐，这一点很快就会被发现：因为牛仔裤很快就会乱作一团，顾客无法找到他们需要的尺码，裤子也会散落在地上。相反，如果你是唯一知道如何分批处理图像文件的人，那么你就能假装你的工作比看上去更复杂，需要更长的时间，告诉其他人别在这段繁忙紧张的时间打扰你。再者，如果你的专业能力不仅少见，而且对公司业务必不可少，那么解雇你并因此失去这一专业能力的成本就会非常高，同样高的还有电脑系统崩溃的可能性。这能给人相对的自由，让人有底气说"不"，或有能力迟迟不满足老板烦人的要求。

下一类常见的策略准确来说虽然算不上逃避管理，但能让雇员和雇主间的关系变得更简单。英国就业人口换工作的平均频率是五年。[1] 年轻人换工作的频率比年长人群更高：美国 55 岁至 64 岁的就业人口平均每 10.1 年换一份工作；相比之下，25 至 34 岁的员工平均每 2.8 年换一份工作。[2]

许多人在不同的工作间迅速地换来换去。即便在福特式工作的鼎盛时代，全民终身工作的想法也只是一个神话，员工变动率目前正在增加，其中低收入、不稳定的工作的员工变动率很高。呼叫中心的员工变动率为每年 26%，而与之相对的英国平均值仅为 15%。护理行业中 24% 的工作是零工时合同工作，该行业的员工变动率为 31.7%。[3] 这一高水平的流失率通常不会让雇主感到担忧。事实上，对仅需少量培训，工作模式压力大强度高的行业来说，高水平的流失率可能甚至是雇主想要的。亚马逊仓库就是典型的例子。员工工会化程度低不仅让企业更换员工变得更容易，也让企业能轻松规避其对生

1　www.bbc.co.uk/news/business-38828581（上次访问时间 2020 年 12 月）.
2　Ibid.
3　数据源自 Skills for Care，参见 https://skillsforcare.org.uk/adult-social-careworkforce-data/Workforce-intelligence/documents/State-of-the-adult-social-caresector/State-of-Report-2019.pdf（上次访问时间 2020 年 12 月）。

病、受伤或因其他原因受影响的员工的责任,高员工流失率因此降低了亚马逊提高工作强度的阻力,也让员工队伍变得更原子化和不那么难以驾驭。

而对员工个人而言,频繁的换工作能让日常工作生活变得容易忍受。新工作,哪怕是单调乏味的工作,也有令人兴奋的一面:认识同事,熟悉自己的工作,试探管理层的期望底线(你能做什么和不能做什么),你能去什么样的地方吃午饭,你工作的地方用什么样的咖啡机,办公大楼某处的光线在黄昏时是什么样的。虽然这些事在剥削和随处弥漫的痛苦面前可能显得微不足道,但这是日常工作体验的重要组成部分。面对没完没了的痛苦和低薪行业的工作强度之高,新鲜感总好过熟悉感,因为新鲜感至少能在一段时间内不让人觉得无聊。

职场上最基本、最常见的抵抗方式,大概是那些只发生在员工个人想法中的抵抗。职场对员工的社交能力提出要求不是什么新鲜事。70 年前,美国社会学家 C. 赖特·米尔斯(C. Wright Mills)观察到一种被他称为"性格市场"(personality market)的现象:为了工作和职业生涯,利用和改善个人性格中的元素越来越成为办公室员工们需要背负的期望。这种要求如今稀松平常——尤其是对低收入工作从业人员而言,这种期望更是家常便饭。而拒绝将自己的性格当作可被利用之事,拒绝为了雇主的利益塑造自己,或者仅在表面假装服从这一要求,是常见的抵抗方式。当你的老板(你的顶头上司或一般意义上的雇主)要求你在情感上将你自己与你的工作绑定时,拒绝热爱你的工作,拒绝将其视为你生命中的重要之事,就成了一种抵抗的方式。拒绝工作上的情感要求,有时会演变为拒绝特定的工作任务。但更多时候,这种拒绝还是停留在拒绝认真对待最烦人的工作内容的层面。

你当然可以辞职。这种威胁有时能被当作谈判的筹码:如果你逼我做我不想做的事,我就辞职。但这种威胁只有在替换你很难,或代价很高的情况下才会奏效,这对大多数员工来说并不适用,尤其是在失业率高企、员工工会化程度低的时代。对大多数就业人口而言,他们更需要工作,而不是工作更需要他们。

被监控的员工

2001年的英国电视剧《办公室》(*The Office*)毫不遮掩地批评了工作中人与人之间的愚蠢关系。你与一群可怕的人被困在一起,日复一日地做着对你自己没什么意义,更谈不上对整个社会有所贡献的工作。更糟的是你被要求关心自己的工作。这种挫败感越积越多,演变为争吵和逃避工作。在令人印象深刻的一幕中,片中某角色将一位同事特制的订书机冻在了果冻里。正在向新员工介绍办公室情况的老板说,"这里很疯狂"。办公室工作成了对真实的人类社交生活空洞的拙劣模仿。这样枯竭的生活只剩下一副不得不假装说笑、假装关心、假装没完没了地寒暄和谈正事的躯壳。未来被搁置,但邮件却被一一回复。

虽然《办公室》让广泛存在的怨气和无聊感得到了抒发,但就抵抗工作中最糟糕的那部分的能力而言,典型的办公室员工代表的其实是特权群体。到目前为止,我所列举的大部分潜在的抵抗方式均依赖对自身工作拥有相对的主动权。在现代办公室中，许多员工负责的是各种各样不同的工作（做记录、打电话、写简报、发邮件、制定预算等），这些以往是由有特殊技能的人完成的（打字员、接线员、誊写员等）。尽管工作情况会定期或在出现严重错误时接受检查，但日常工作在某种程度上是由员工个人掌控的。

办公室员工的活动能被监控，但即便如此，例行公事般的监控是不被允许的。办公室员工了解他们被分配工作的过程，也清楚如何使用他们必须使用的软件来完成工作。这让偷工减料变得更容易。相比之下，仍有许多员工对他们在工作中完成特定任务的方式、时间和地点没有任何掌控力。卡勒姆·康特（Callum Cant）在他对 Deliveroo[1] 骑手的研究中这样形容被软件程序难以理解的算法技术支配的体验：

> 到处都是对软件程序如何运作的猜测。有人提出了详细的理论……一种流行的说法是，

---

[1] 在多个国家和地区提供外卖送餐服务的平台，类似于国内的美团等。——译者注

> 我们的位置每五秒就会被扫描一次，餐厅呼叫骑手时，在这五秒内离餐厅最近的人会接到订单。但这些理论都是猜测和流言的结合体……我们对我们的工作是如何被协调的一无所知。[1]

当你的工作结果被衡量，你的一举一动被记录时，未能达到预期水平就会给你带来大麻烦。现代职场的技术不是硅谷传说中中立的效率驱动力，而是管理层对员工权力的延伸，它是耸立在员工面前的强制性力量。技术的约束力虽不能阻止上述的偷懒行为——人们总能找到拿回自己时间的方法——但这样的力量能让偷懒变得更难实现。如果说曾经享有声望的专业工作的工作条件大不如前，那很有可能是因为强制性的监控行为越来越普遍。假如你的电脑能监控你花在每项工作任务上的时间，那么你的老板就没必要亲自监视你。

若要了解这种监控是什么样的，我们应该考察的是曾几何时既是最先进，也是最普通的由技

---

[1] Cant, *Riding for Deliveroo*, p. 59.

术管理的职场案例：呼叫中心。马克·费舍在他的理论中指出，被他称为"普通赛博人"（banal cyborgs）的呼叫中心员工是当代员工的模版。对英国 5000 个呼叫中心的约 100 万员工而言，员工和管理者间的掌控力边界时时都能被感受到。[1] 对呼叫中心员工而言，某次通话被筛查，并让员工陷入麻烦的可能性真实存在。员工与每位客户的每次交流都能随时被重新调出。[2]

社会学学者摩根·鲍威尔（Morgan Powell）曾经在呼叫中心工作，他在与我交谈时提到了呼叫中心里控制与反抗的情况：

> 两年间，我在三家呼叫中心工作过。每个呼叫中心都培养了同样的无力感。工作日的节奏由自动呼叫队列和严格的目标决定。当上百个电话被混淆在一起，大多数人只是在没完没了地重复着同样无聊的问题时，刚开始上班时的紧张很快变成了乏味。这种单调只有在接到

---

[1] Jamie Woodcock, *Working the Phones* (London: Pluto Press, 2016), p. 21.
[2] Ibid., p. 7.

恶言相向的电话时才会被打破，而这样的电话会困扰你好几周。种族歧视和性别歧视的辱骂无处不在，而挂掉这类客户电话的行为则是能导致你被解雇的错误，这样的行为在计算机的持续监控下被严苛地监视着。

员工之间同病相怜的情谊让人勉强能承受这一切——那种我们互相帮助的感觉。更有经验的员工会悄悄跟新员工分享经验，告诉他们要避开哪些管理人员，要如何不被别人发现自己在装病，以及如何操纵摆布呼叫系统。让监控成为可能的同一套技术也提供了抵抗的可能性。人们寻找并分享欺骗呼叫队列或让其过载的方法，迫使计算机崩溃，甚至是用"未能成功"转接的方法挂掉恶言相向的电话。

尽管这种非正式的抵抗方法永远都不足以从根本上改变管理模式，但它让我们能一窥职场中的权力，并给我们的集体劳动生活带来重要的转变。

我们在抵抗什么？

我们应该如何理解普遍存在的偷懒现象？管理人员和管理学理论学者的回答通常认为，人们应该更有效率地利用他们的时间，偷懒之所以会发生，是因为勤奋的员工得到的不足以激励他们，而懒惰的员工就是懒。这样的说法在我看来不能对工作场所中弥漫着的失望情绪给出令人满意的解释。工作抓不住人们的注意力，它无法给人带来它承诺的意义。

这就不难理解为何有人将上述普遍存在的厌倦情绪和小规模的集体破坏行为视作处处都有对工作的抵抗的明证。职场中上演着大量非正式的抵抗，但在我看来，还有另外一个问题。这些抵抗到底在抵抗什么？在许多情况下，人们仍抱有（正确或错误的）希望，认为他们的下一份工作会更好，会最终带给他们意义和认同，会给他们一个好老板，一份更高的薪水，诸如此类。愤怒、家常便饭般的羞辱、被剥削的感觉，以及起着压力阀作用的抵抗——这一切通常针对的目标是人们当前的工作（烦人的工作内容或讨厌的上司），而不是整个工作制度。

这并不意味着波及面广的愤怒没有意义。工作通过每份个人工作表达出的承诺，在越来越多人眼中正开始显得愈加虚幻。工作没让我们变得富有或快乐，而是让我们更贫穷、更痛苦。

我们如何才能获得掌控力？即使个人行动能让我们应对工作中最糟的部分，它也无法让我们走得很远。在很大程度上不协调的小规模个人破坏行为如此之多，反而证明了我们迫切需要政治化工作中或因工作而起的挫败感。实现这一点的方法之一就是下一章的主题：借工会发展劳动者的力量。

我想重新回到那位神隐公务员的故事。只要你的工作场所未受到完全的监控，你就能在工作中隐藏自己，将自己变成一个幽灵。神隐公务员演变成某种类似于民间传说的形象。在某种程度上，他就像侠盗或海盗这样的民间英雄，他满足了我们（更普通的）愿望：有生活，有收入，还不用受老板的气。如果你所处的行业或职场的工会组织程度高，那你的这一转变就更有保障。

但如果你工作的行业由雇主说了算——例如，

加入工会可能会导致你被列入黑名单的行业[1]——那么情况就会更艰难。2019年，一位建筑工人将我们许多人对我们的工作怀有的复仇幻想付诸实践。由于其雇主拒绝支付他的薪水，他拆毁了他一直在修建并新近完工的Travelodge酒店门面。他因此被判入狱五年零四个月。

尽管拆毁Travelodge酒店门面的案例有些极端，但这件事道明了某些重要的东西。大多数人对其工作几乎没什么掌控力，而普通劳动者在社会里拥有的权力也很少，以至于当我们面对工作上的问题时（拖欠薪水、糟糕的老板、种族歧视或性骚扰），我们无能为力。虽然我们可以梦想成为神隐公务员，在工作中为我们自己挤出时间，但如果我们不能大规模地协调我们的挫败感，不能推动社会变革，我们能希望的最好结果不过也就是我们的下一份工作或许不会像现在这份那样糟。

---

1 https://tribunemag.co.uk/2019/05/blacklisting-a-british-tradition（上次访问时间2020年12月）.

8

团结起来

有组织的劳动力和劳动者的梦

你跟我说你最后一块钱也花完了,你说你的口袋空空,你说你的衣服破烂不堪,但似乎没人在乎,现在别再跟我说你的问题了,不,我没时间听这些,但如果你想加入进来一起战斗,好朋友,那才是我想听的。

——菲尔·奥克斯(Phil Ochs),《那才是我想听的》(That's What I Want to Hear)

8 团结起来：有组织的劳动力和劳动者的梦

1848年10月，8000名工人聚集在波尔多（Bordeaux）的查尔特勒公墓（Cimetière de la Chatreuse），当时左派刚刚经历了惨痛的失败。聚集的人群纪念的是某位在1848年命运多舛的起义前死去的人。工人们凑钱买下了一根白色的石柱，上面刻着"纪念《工人联盟》（*The Workers' Union*）的作者弗洛拉·特里斯坦女士（Madame Flora Tristan）。对您心存感激的工人们。自由、平等、友谊"。石柱上方是她1848年的书《工人联盟》的石雕。

特里斯坦是一位令人费解的人物，她自称被社会抛弃，通常只在历史书中被提及，相关内容总在感慨世人对她铭记得不够。但她其实是第一个设想国际工人组织的人，比马克思和恩格斯的《共产党宣言》的出版时间早五年。事实上，1843年，马克思和恩格斯彼此还不认识。在《工人联盟》出版后，特里斯坦开始巡回演讲，一方面是为了给这本书做宣传；另一方面是为了将书中的核心理念付诸实践。特里斯坦提出建立国际工人联盟，其中包括一名由工人选举产生、有报酬可拿的"辩护人"。

该工人联盟的财政来源是工人支付的小额会费,联盟旨在确保对工作权利的认可,并在权利、自由和工人自主性受到侵犯时进行抗议。工人联盟计划修建为联盟成员子女提供教育(技能和智力训练),为病人提供治疗,为老人和残疾人提供照护的工人之家。这些将不仅成为工作和培训中心,也将成为工人阶级文化中心;这些不仅能改善工人的个人命运,也能发展他们的个人力量和集体能力。

她跑遍了法国,举行群众集会,筹集资金,走访工厂和工人政治俱乐部。她的住处遭到警察的搜查,她的部分巡回演讲被勒令取消。[1] 她的组织在一些城镇成立了分支机构,但这趟旅程对她的健康造成了影响。当她于 1844 年 9 月达到波尔多时,她极其虚弱,不久后便过世了,死因大概是伤寒。[2] 她创建的工会分会的工人们共同出资购买了一块四年后被安放在她墓前的纪念碑。

---

1 Marie M. Collins, Sylvie Weil-Sayre 'Flora Tristan: Forgotten Feminist and Socialist', *Nineteenth-Century French Studies*, Summer 1973, vol. 1, no. 4, Summer 1973, pp. 229–34, p. 233.

2 G. D. H Cole, *Socialist Thought, the Forerunners* (London, Macmillan & Co, 1953), p. 186.

在特里斯坦之前，工人社团是存在的；但这些社团往往属于特定的行业和地方。虽然当时已经开始出现鼓励工人在不同城镇和社团间进行流动的协调工作，但特里斯坦是第一个号召将所有工人——她的意思是要团结所有用自己的双手劳动的工人——团结在一个组织内的人。特里斯坦希望对工人进行国内和国际上的协调，她认为，当二者结合在一起时，他们会比分散的个体或相互竞争的工会组织更强大。

1830年代，弗洛拉·特里斯坦造访了伦敦，她在那里参与了一系列激进的会议。她偷溜进议会，听到了爱尔兰籍下议会议员丹尼尔·奥康奈尔（Daniel O'Connell）的演讲。奥康奈尔从大量普通人那里得到了许多小额捐款或资助，特里斯坦就是由此生发出了用其工人联盟的会费资助"人民辩护人"的想法。正如特里斯坦在她旅途中发表的文章里所写的那样，英格兰——尤其是伦敦——是新工业化和极度不平等的经济的肮脏内核。

10年后，另一位造访英格兰，且同样被新兴的工业资本主义令人发指的工作条件震惊的人是弗里德里希·恩格斯。他在这段时间搜集的资料和进行的研究将成为他与马克思合著的早期作品之一，即《共产党宣言》的主要组成部分。他们在回应工人运动的早期抗争时写道："工人们偶尔会取得胜利，但那只是一时的。工人斗争的真正果实不在于直接的结果，而在于工人联合的不断扩大。"[1]

人多力量大

工人是社会中数量最庞大的群体，但作为个人，他们被孤立和分化。有理论认为，以政治联合或工会形式将他们组织在一起，让他们不再形单影只，能让他们变得更强大。工会有两个时而重合，时而互相冲突的目标。其中一个目标要求直接改进相关工作环境，这一点对应的可能是提高工资，或改善从休息室设施到育儿假的工作条件。这类要求或意味着签订新合同，或意味着对遭解雇的同事进行声援。另一个目标则是马克思与恩格斯在上述引言

1　Karl Marx & Frederich Engels, *The Communist Manifesto* (London: Penguin, 2002), p. 229.

中强调的"扩大工人联合的范围",将越来越多的工人吸收进工会,提高他们的政治意识,打造他们的集体力量。该目标不仅有赖于工会成员在整体人口中的高占比,还有赖于工会成员在某工作场所或某行业内的高占比。而后一个目标力求的结果存在差别:有时是为了某一地区内的工人阶级获得更多的权力和在政治上更高的代表比例,有时则是为了某国家内或全球范围内的工人阶级。

自工会出现以来,就一直存在限制工会的尝试,这样的尝试往往涉及暴力、监禁及对工人联合能力的合法约束。在工会发展早期,工人组织常常属于秘密行动。1820年代,这种隐蔽性随着工会得到官方认可和法律上的保护而逐渐消失。[1] 在经历了数十年时断时续的胜利和打压后,工会获得了罢工和纠察的权利,工会的资金和工会在雇主违约时所采取的法律行动也均受到保护。

工会为工人赢得了各种各样的法律保护和福利——带薪病假、带薪年假、对最长工作时间的限

---

1 Henry Pelling, *A History of British Trade Unionism* (Houndsmill, Basingstoke, Hampshire & New York, Palgrave Macmillan, 1992), p. 23.

制、带薪育儿假、打击雇主对雇员不公平的解雇和违约,甚至是工人每周双休的权利。但这些胜利仍很脆弱,在新自由主义之下,工会的组织能力受到的无情打压不仅似乎没有减弱的迹象,而且愈演愈烈。1980年代,保守党引入了大量反工会的立法,这些立法限制了工人罢工的权利,使某些形式的纠察成为非法行为,并对次级罢工(secondary action)[1]——为支持其他地方的工人而采取的罢工行动,一种用来表示团结的公开形式——[加以限制][2]。当工党于1997年重当执政党时,这些立法并没有被取消。更糟的是,2016年的一项新《工会法案》(Trade Union Act)对工会活动作出了进一步限制,让工会成员更难就行业行为进行投票,而且工会的政治活动也受到约束。所有这些加在一起,意味着英国的部分反工会立法是全欧洲最糟糕的。

---

[1] 又称同情罢工。——译者注

[2] 原文中对应语句不完整,或是写作或编辑过程造成的遗失,只出现了前半部分的"并对次级罢工",此处由译者根据能够查询到的资料补齐"[加以限制]"这一部分。此处的历史背景是撒切尔政府于1980年代颁布的《1980雇用法案》(Employment Act 1980)。——译者注

这些来之不易的权利受到的冲击被意识形态的花招合理化，工会和工会成员被定性为贪婪、不知足。政府当局要么喜欢把工会成员描绘成上当受骗——被自私的上级带进无意义的争端——要么喜欢用贪婪来形容他们，要求得到自己不配的东西。大学教职工对2020年秋天重返线下教学表示担忧，他们担心第二波新冠疫情（现在回头看，他们的担心也是有道理的）。东利兹（Leeds East）的工党议员理查德·伯根（Richard Burgon）在议会中提出了这些问题。当伯根指出，科学建议表明线下工作存在危险时，教育大臣加文·威廉森（Gavin Williamson）回答称，这些对健康和安全的担忧只是大学工会与学院工会的，而伯根是在为他们说话。威廉森的回答是在暗示，工会没有、也无法像雇主和政府那样以普世利益为行动准则；工会是不客观的、自私的，而雇主则是为了每个人的利益着想。只需浏览一下历史，或者说，但凡愿意翻几页这本书就能明白情况并非如此。雇主的行为并不符合每个人的利益。在上述情况下，大学急切地想要尽早重新开放校园，这样才能从学费和租金中获得收入。也就是说，雇主并不是以仁慈的普世人道主义为准则的，驱动他们的是利益。工会和雇主一样都有偏向，他们都是为了自己成员的利益，但如果说有什么区别的话，工会更有可能让整个社会受益。即便个人行动可能暂时会对非工会成员造成不利的影响，但他们赢得的胜利和他们为普通人带来的力量也会蔓延至其他斗争之中。尽管如此，建制派媒体中的主流声音仍在宣扬"贪得无厌的工会除了他们'应得的'还想要更多"这一错误的意识形态观念，即便如今工会的力量已大不如前。[1]

从抵抗到希望

随着英国工业于 20 世纪末解体，工会密度也因此下降——服务行业取代了工业，但该行业中的工会成员往往不多，而且允许工会代表其成员并为其进行谈判的互认协议往往并未覆盖服务行业。[2]

---

[1] 作者写作本书时，英国的执政党仍为保守党。——译者注
[2] https://assets.publishing.service.gov.uk/government/uploads/system/uploads/attachment_data/file/887740/Trade-union-membership-2019statistical-bulletin.pdf (上次访问时间 2020 年 12 月).

公共部门中的工会成员虽偏多，但公共部门的岗位数量遭到了削减，而持续不断的外包和代理模式也挤压了公共部门工会的生存空间。1979年，英国工会有1300万名成员。[1] 而2019年仅剩644万人，[2] 其中23.5%为工人。[3] 工会成员的年龄一般高于工人的平均年龄：2019年，超过四分之三的工会成员年龄在35岁以上，而当年35岁以上的雇员人数比例为63%。虽然近几年工会成员数出现小幅激增，仅在2017/2018年就有10万人加入工会，[4] 但工会成员的数量仍未达到峰值。

不断的打击将工会逼向防守，只能保护那些组织得相对较好并有互认协议的工作场所。这一策略——如果我们能把这称为策略的话——其实也有

---

[1] Len McCluskey, *Why You Should be a Trade Unionist* (London and New York: Verso, 2019), p. 6.

[2] https://assets.publishing.service.gov.uk/government/uploads/system/uploads/attachment_data/file/887740/Trade-union-membership-2019statistical-bulletin.pdf（上次访问时间2020年12月）.

[3] https://assets.publishing.service.gov.uk/government/uploads/system/uploads/attachment_data/file/887740/Trade-union-membership-2019-statistical-bulletin.pdf（上次访问时间2020年12月）.

[4] https://tuc.org.uk/blogs/trade-union-membership-rises-100000-single-yearchallenges-remain（上次访问时间2020年12月）.

道理。如果你已经没多少东西了，那么专注于维护你还有的，而不是试图赢得更多，似乎是一种直觉。但这就像是在潮汐马上要到来时，还执着于保护沙滩上仅剩的那几座沙堡。沙堡的例子也适用于个人职场；支撑起历史性胜利的不是新成果，而是在抵御不断逼近的侵蚀下被建立起来的。正如我们在第3章所看到的，现代零工经济中典型的虚假自雇和让工人们互相竞争的外包模式，让雇主能回避他们对直接雇员的成本和责任。这使工会面对的挑战更加严峻。

陷入绝望很简单，把衰退想象成终点也不难。但工会运动已经多次面对过他们正在面对的法律和政治限制，并与之进行过斗争。工会运动一直在对抗暴力，甚至是致命的暴力，以及工人被列入黑名单的情况——这实际上就是被强加的贫穷。但也不是没有经济复苏的希望。首先，新冠疫情导致更多人加入了工会。我所在的大学学院工会（University and College Union）的成员数在2019年11月至2020年11月增加了8000人，相比之下，此前一年的新成员数仅为 1000 人。[1] 2020 年第一次封城期间，20000 多名教师和教育工作者加入了国家教育工会（National Education Union，NEU）。[2] 对工会制度的法律打击产生了意想不到的积极结果，行业行动所需的高投票门槛（当然，这一要求不公平也不合理）迫使工会不得不以更加深入的方式组织工作场所，这也就意味着行动范围有可能更广、更有力。在某些情况下，这一规则虽然具有极大的压迫性，但对那些退回防御舒适区的工会来说，这条规则也一脚踢醒了它们，让它们能专注地向会员提供支持和福利，而不是将工会成员发展为集体的政治代理人。

摆脱萎靡并不简单，这是一个冗长、艰巨且令人沮丧的过程——需要进行长期辛苦乏味的工作。但在理想情况下，工会能借此达到扩大和配合个人对职场中的专制发起斗争的目的，并将个人对具体

---

[1] https://twitter.com/ucu/status/1324746790613241856（上次访问时间 2020 年 12 月）.

[2] https://ft.com/content/4613a279-e2ac-40f0-a515-0350003b9e31（上次访问时间 2020 年 12 月）.

工作的不满转变为一项全球政治纲领。弗洛拉·特里斯坦当时怀抱的就是这一理想，现代工会的组织者们也一样。例如，美国工会发起人、社会变革理论家简·麦克阿利维（Jane McAlevey）主张采取的一套策略与特里斯坦的方案有许多交集。二人都强调建立广泛基础的重要性，而不仅仅是鼓励已经加入的人公开支持某些事；此外，关键是要考虑到工人在这些场所中的生活——在他们的家中、社区里、做礼拜的地方和他们的工作地点。麦克阿利维和特里斯坦都认识到，打卡下班并没有让工人不再是工人，被剥夺力量的现实感笼罩着他们睡觉和清醒的时间，并影响着他们的生活体验。二人均主张在社会再生产的范围内进行斗争，所涉及的议题也应更具职场代表性。但他们这样主张的原因和针对的背景不同：特里斯坦针对的是工业资本主义带来的严重负面影响和极端贫困，而麦克阿利维针对的则是服务业工作与日俱增的主导地位和这可能带来的各种共同的政治斗争（如教师与家长间）。

麦克阿利维认为，工会需要的不是浅层动员，而是深入组织，激励工人"在各方面彻底改变他们的生活"[1]。这意味着工会要放弃保护和维系每况愈下的脆弱斗争成果这一防御性策略,转而投向尚未被组织起来的工作场所。无论是在新组织起来的,还是在那些工会活动历史较长的行业内,麦克阿利维都扩展了这种大众参与的策略,以便在工会谈判中吸引更多的劳动者加入。这在战术上很重要,也是工人运动应该采取的那种以广泛民主关系为基础的模式。该策略也可以被解读为一种试图承认和解决历史过错的修复手段,因为工会运动曾经忽视,甚至是背叛了普通工人。其中一次令人痛心的背叛就发生在技术工种的法律和社会类别划分上,以及工会和性别这一更广泛的关系之中。由男性主导的工会将女性排除在工会成员和集体协议之外,他们与雇主串通,使妇女的工资保持在低水平,并将其工作划为"非技术工种"。仅以一次行业与产业行动为例,1970年2月,整个利兹市工厂中的女性服装工人因工资问题离开了工作场所,进行了一场非正式罢工。那次罢工持续了1个月,顶峰时有约

---

[1] Jane McAlevey, *No Shortcuts* (Oxford: Oxford University Press, 2016) p. 66.

20000名工人参与了罢工。尽管罢工的规模不小，手段也新颖——女性工人辗转不同的工厂，鼓励工人罢工，她们被称为"流动宣传员"——但男性占主导的全国裁缝与服装工人联盟拒绝伸出援手；相反，他们督促女性应回去工作。[1] 罢工部分针对的，是前一年全国裁缝与服装工人联盟同雇主达成的一项固定最低工资的协议，尤其是女性的最低工资，以及该行业首份全国生产力协议。尽管女性工人明显对此情绪激动，但全国裁缝与服装工人联盟发表了一份声明，表示"破坏对绝大多数工会成员显然有利的协议是对工会运动所做的一切的否定"[2]。

作为对男性控制工会的回应，部分女性主义者主张女性不应该加入工会——因为这样的组织坏得无可救药。[3] 虽然性别保护主义——尤其是对"技术工种"的划分——能让人理解这一态度，但这一

---

[1] Liz Leciester, 'The 1970 Leeds' clothing workers' strike: representations and refractions', *Scottish Labour History Society Journal*, 44, 2009, pp. 40–55, pp. 41–2.

[2] Ibid.

[3] 例如 Selma James, 'Women, the Unions and Work, Or, What Is Not To Be Done', *Radical America*, vol. 7, no. 4–5, 1973。

应对方案是完全错误的：工会不仅是要领导斗争的组织，也是需要内部斗争的组织。工会是代表工人阶级的团体，但其代表性不是自动机械的方式，而是要通过政治斗争和角逐产生的。工会，就像弗洛拉·特里斯坦一样，徘徊在远离工人又高于工人的某个地方。特里斯坦通过使用我们可以称为女性救世主的方式驾驭这一紧张关系：将自己塑造成一个在道德和文化上得到净化的人物。与此相对，麦克阿利维主张缓慢、有针对性的干预，希望越来越多的普通人能联合在一起，共同展望和追求所有人的生活都能变好这一集体愿景。

当我们爆发时

与其他政治运动一样，工作也有令人招架不住的时候——也就是我们觉得我们真的受不了的那一刻：可能是领导提出的羞辱性要求；可能是因迟到之类的小错误而招来的无情斥责；可能是突然间醒悟，意识到你的辛劳工作虽让公司获利颇丰，但对你没什么益处。简而言之，就是我们的个人体验与深层结构和社会权力关系之间的联系变得清晰明朗的那一刻。文化理论家萨拉·艾哈迈德（Sara Ahmed）所说的"女性主义的爆发"，指的是一场突如其来的运动，一种积极乐观的行动，这种爆发切断了带来伤害的束缚，并引人走向新型的女性主义关系。我们不难想象在工作和阶级意识方面也存在这样的运动。当代女性主义运动中通常没有明显的政治组织，这让人没法理解这样的爆发是如何出现的，如今的女性主义者往往单独行动，并从阅读中寻找慰藉——与女性主义不同，职场中的爆发则应由工会来实现，工会应该能够将不满转化为政治关切，并最终转化为集体行动。在工会的组织下，爆发变成了一把赌注：工人们在短期内参与了不仅能改变他们的个人生活，也能改变他们的集体生活的事，这件事是政治的、集体的和危险的。这是一套改变政治的组织机构，把政治从劳动群体承受的事变成普通人自己主导的事。

工会曾经是，今后也会继续是工人们赢得成果、保护成果和发展工人阶级力量的关键一环。但工会的活动范围存在两点重要的限制。首先，工会牵涉工人。工作是资本主义的一个主要特征,也是其核心制度,资本主义通过工作生产利润,人们通过工作体验资本主义,接近其矛盾并陷入其关系之中。但资本主义中也存在许多与工作无关的剥削。其中最主要的是房东对那些自己没有能力购买房产的人的剥削。除了工作之外的剥削,社会中还有许多人没有工作,无法就业。在后一种情形下,工会曾试图将失业者纳入其组织范围,如 Unite 组织的社区倡议和 1920 年代的全国失业工人运动,以及 20 世纪六七十年代的(福利)索赔者工会。随着失业率的攀升,这种活动变得更加重要。同样,工会应该与社区合作,支持他们组织如"现在就改革"社区组织协会(Association of Community Organizations for Reform Now,ACORN)和租户工会这样的倡议。

我与"谢菲尔德需要加薪"(Sheffield Needs a Pay)的组织者、ACORN 成员罗汉·孔恩(Rohan Kon)讨论了在工作场所之外发展工薪阶层力量的重要性:

> 无论在哪儿,组织都是发展领导力,以便

能通过集体行动实实在在推动变革的过程。如果我们在职场与更广泛的社会群体间做出了错误的划分，那么我们就对我们的生活进行了虚假的界定，并限制了我们解决问题的组织能力，这一点适用于从工资和工时到住房和公共服务的种种事务。

为低薪工作者创建一个能同我们的家庭、朋友和邻居并肩作战的团体，对工薪阶层来说是获取巨大收益的重要力量。ACORN和"谢菲尔德需要加薪"倡导的新组织模式，为我们让新一代受剥削的工作者加入工会的使命注入了希望。

工会活动的第二点限制与ACORN和其他团体试图通过深度组织所强调的有关。也就是英国的大部分工会活动从未摆脱过列宁所说的"工会意识"，即对联合、对抗雇主和通过立法重要性的信仰。今天的大多数工会甚至可能都无法达到这个级别，他们只专注于捍卫在少数工作场所取得的胜利。这种方法只能在每个工作场所的范围内发挥作用。即便是在英国工会活动曾经的鼎盛时期,社会学家休·贝农(Huw Beynon)在利物浦福特工厂内观察到的工人行为令他担心,工厂工人们无法超越他所说的"工厂阶级意识",即"通过工厂内老板和工人间冲突的直接表现来理解阶级关系",这些冲突或与对工作的控制权有关,或与管理者和雇主对相互矛盾的"权利"的控制有关。[1] 但这种做法不能解决冲突问题,因为"工会活动本身显然无法改变整个资本主义制度的现存逻辑"[2]。

上述讨论并不意味着工会活动家在单个工作场所中进行的斗争不重要。任何在工会密度大、活动多的行业工作过的人都能告诉你,与在保护较少的行业中基层工作人员迅速失业的情况相比,这其中的区别到底有多大。不过,工会或工厂意识的局限性给工会成员减少工作伤害的能力设置了上限,尤其是考虑到他们只能改善工作条件,而不能从结构上改变工作。工人在他们的工作场所中没多少权力。即便在工会中,他们的集体力量通常也是相当有限

---

[1] Huw Beynon, *Working for Ford*, p. 98.

[2] Ibid., p. 104.

的。他们或许有力量阻止那些与工会和雇主间签订的合同和协议不一致的做法。尽管这可能代表了保护工人不会遭到不公平的解雇或保护他们不受加班规定的影响，但这并不等同于工人能够决定其工作场所内的日常运转。工作场所的运转在大多数情况下或掌握在管理者手中，或掌握在部分取代了工人的自动化程序、小型装置或机器人手中。实际执行任务的群体与衡量和监管他们的群体之间的这种分工就是各种受挫感和互相不信任的根源。

要明白工人的自我组织是如何带来工作转型的，我们应该回顾两个部分实现了美好世界梦想的实验。在这两个工人掌握控制权的实验中，改善薪资和工作条件不是唯一的目的，所有权，甚至是劳动分工也都受到了质疑。第一个实验是1871年春的巴黎公社。巴黎公社是一场由工人领导，持续了72天的叛乱。[1] 其叛乱目标不只是改变生产活动，而是整个社会生活。公社的主要参与者是巴黎工人阶级，他们的大部分时间用学者克里斯汀·罗

---

1 Kristin Ross, *Communal Luxury*, (London & New York: Verso, 2016), p. 1.

斯（Kristin Ross）的话来说，"不是在工作，就是在找工作"[1]。在他们对教育的全新设想中，智力和技术学习相结合，使年轻人能以一种全面的方式发展自己的头脑。[2] 其意图，正如他们在生产活动方面的做法一样，是为了消除等级分工。正如保卫巴黎和援助伤员妇女联盟（Women's Union for the Defense of Paris and the Wounded）所言："我们想要权力，是为了保住成果。为了不再有剥削者，不再有主人。"[3] 这种态度被带入了工作场所中。公社的首批行动之一就是废除面包师们讨厌的夜班和童工。工人们被赋予了接手和管理企业的权力，雇主被禁止对工人处以罚款。[4] 普通人团结一致靠自己改变自己的生活，权力的天平因而决定性地倒向了有利于普通人的方向。这产生了颠覆性的影响，正如马克思在他对这段历史的记述中所写的那样，劳动力的解放意味着"每个人都成为劳动者，生产

1　Ibid., p.3.

2　Ibid., p. 43.

3　Ibid., p. 28.

4　Karl Marx, *Civil War in France* (Peking: Foreign Languages Press, 1970), p. 78.

力不再具备阶级属性"[1]。不出所料，对人类生活这一激进的全新设想最终被暴力镇压；法国政府于1871年重新夺回巴黎市，期间成千上万名公社成员被杀害，幸存者分散至整个欧洲。巴黎公社从根本上改变了许多参与者的生活；直至今天，它仍是一座灯塔，向人们展示着有可能实现的一切。

第二个工人掌握控制权的实验甚至根本就没有机会被镇压，因为该实验没能被付诸实践。这就是卢卡斯计划（Lucas Plan）：一个重新构想生产活动、保留工作岗位和生产对社会有用的产品的具体梦想。该计划是对企业受到的倒闭威胁——涉事企业卢卡斯工业（Lucas Industries）是一家英国军工企业——和管理层对经济危机可预见的反应所作出的回应。正如其口号所言：裁员失业，都是为了给老板赚钱。这份计划制定于1975—1976年，它利用和发展了工人自己都没有意识到的他们对生产过程所具备的知识。该计划向所有工会成员发出了一份问卷调查，询问他们认为自己应该生产什么。通

---

[1] Ibid., p. 72.

过该调查，卢卡斯计划收集了 150 个利用现有机器和工人现有技能的组合制造产品的想法，这些产品包括肾脏机、便携式生命支持机及其他医疗设备；还有与太阳能和风能技术有关的替代能源产品；甚至包括更离奇的，如能使用公路和铁路网的公路铁路两用车辆。[1]

该计划于 1976 年 1 月被公布，并受到多方赞扬，甚至包括维护自由市场现状的《金融时报》(*Financial Times*)。1979 年，这份计划被提名诺贝尔和平奖。[2] 但管理层并没有认真对待这份计划。其早期支持者之一，时任工业部长托尼·本（Tony Benn）已卸任，对这份计划而言，这无疑雪上加霜。由于没有英国政府的支持，再加上管理层一心想要关闭工厂，工会成员意识到他们孤立无援，他们的民主和绿色愿景也因此被搁置。这种利用工人自身知识的变革构想，为调整生产方向提供了可能性，让生产远离武器和环境恶化，转型成为有社会价值、

---

[1] https://redpepper.org.uk/a-real-green-deal/（上次访问时间 2020 年 12 月）.
[2] https://theguardian.com/science/political-science/2014/jan/22/rememberingthe-lucas-plan-what-can-it-tell-us-about-democratisingtechnology-today（上次访问时间 2020 年 12 月）.

旨在维持生命的生产活动。

巴黎公社和卢卡斯计划提醒着我们，在职场、行业、国内和全球范围内发展工人阶级的政治代表，不仅是为了在一些理想化的思想市场中提出更好的权利概念，也是为了扭转整个世界的局面。发展力量是为了赢得力量，这样的目标不只是要让人听到某些声音、提出某些理由，更是为了赢得改变世界的力量，而不光是修补其边角的磨损。从弗洛拉·特里斯坦到近来激励工会取得胜利的精神——从西邓巴顿郡（West Dunbartonshire）的议会工作者为工会活动家留出时间，到英国铁路、海事和运输工人全国联盟工会为几乎所有铁路（火车及其生产场所）工作者和清洁工赢得真正能负担起生活的工资；从默西赛德郡（Merseyside）的凯莫尔·莱尔德（Cammell Laird）造船厂工人要求提高工资、改善工作条件和减少工时，到伦敦贝克斯利区（Bexley）的垃圾箱清洁工、伦敦私人出租车司机、伯明翰和伦敦哈林盖区（Haringey）的护理工作者发起的大规模罢工，其中哈林盖区明确规定将护理人员上门服务花在路上的时间算作工作时间，这在法律上是一项重要的胜利[1]——这种不仅是为了"更好的"工作,也是为了一个更好的世界而让工会不断扩大的易碎的希望,几个世纪以来一直激励着工人们。这个希望一直是,也将继续是超越了工作车间,由工人群体共享的视野。气候危机意味着这一愿景——职场民主化和工作转型——比以往任何时候都更加紧迫。我们面临着地球生命的生存威胁;重拾卢卡斯计划的精神,重拾该计划中具有社会价值和环保价值的生产原则,不仅能保护工作,还能推动工作的民主化转变,这一精神必须在今后的斗争中发挥重要作用。

---

1 https://morningstaronline.co.uk/article/west-dunbartonshire-reps-hit-backagainst-snp-councils-attacks-facility-time(上次访问时间 2020 年 12 月); https://rmt.org.uk/news/rmt-secures-massive-low-pay-victory/(上次访问时间 2020 年 12 月); https://bbc.co.uk/news/uk-england-merseyside-42690268(上次访问时间 2020 年 12 月); https://tribunemag.co.uk/2020/08/how-the-bexley-bin-workerswon(上次访问时间 2020 年 12 月); https://iwgb.org.uk/post/5c4f26006ea6a/biggest-ever-minicab-protest-a; https://magazine.unison.org.uk/2020/09/29/the-bestof-trade-union-empowerment-the-story-behind-a-decisive-homecare-legal-victory/(上次访问时间 2020 年 12 月).

9

休息：对工作的抵抗

"我没在拼事业",我解释道,但我没再多说。"我要休息。我要睡上一整年。"

——奥特莎·莫什费格(Ottessa Moshfegh)[1]

"母亲节我只要一件礼物:家政清洁服务。"

——杰玛·哈特利(Gemma Hartley)[2]

---

[1] Ottessa Moshfegh, *My Year of Rest and Relaxation* (New York: Random House, 2018), p. 55.

[2] https://harpersbazaar.com/culture/features/a12063822/emotional-labor-gender-equality/(上次访问时间 2021 年 2 月).

资本主义意味着大部分人都必须工作。既然如此，拒绝工作的最著名的案例均发生在文学作品中就一点儿也不让人感到意外。其中最出名的形象莫过于赫尔曼·梅尔维尔（Herman Melville）的巴托比，该形象也是后工作运动口号的代表。在梅尔维尔最初发表于1853年的短篇小说中，同名的法律办事员本来是一位勤奋的雇员，但他后来对工作要求的回应却是"我宁愿不工作"。他拒绝工作，也拒绝离开办公室。他最终被关进监狱，后因绝食在狱中饿死。尽管巴托比的拒绝以他的死亡告终，但他在这部短篇小说中展现出的拒绝的精神让人深受鼓舞。以完全合理的理由直接拒绝他人认为你应当做的事——我宁愿不干——这样的壮举在资本主义的乌烟瘴气下却显得不切实际。

但这种拒绝还是很模糊。"我不愿意"可以指一个特定行为——以巴托比为例，这句话可能指的是不愿意誊写某份信件，也可能指不愿为工作付出自己照顾自己时所付出的那份努力——或者这句话也可能是任何一种特指或一般性的拒绝。这种模糊性否认了当代工作，其实是当代生活中日复一日的痛苦，也没能提出任何替代方案。[1] 难怪它如此受欢迎——资本主义及其附带的残忍令人不适，但我们仍无法想象替代方案的模样。

或许在常见的网络表达中也能找到类似的模糊性。"我太累了"和"我受不了了"都是人们在反对某些事时使用的表达方式，但这两句话都没有说清楚说话人到底是对什么感到厌倦，或到底是无法面对什么事。巴托比模棱两可的拒绝起到的作用几乎相当于一种指引或一种文学上的提示，告诉我们，当某人说或者仅仅是想象他不愿做某件事时，可能性就会出现，由此看来，他的拒绝是在19世纪大城市办公室工作的男性职员的逃避方式。那么巴托比式的行为在当代资本主义下会是什么模样？

对利物浦大学美国文学讲师汉娜·默里（Hannah Murray）而言，奥特莎·莫什费格（Ottessa Moshfegh）2018年出版的《我想睡上一整年》（*My Year of Relax and Relaxation*）应该被视作梅尔维尔的《巴托比》（*Bartleby*）的伴随文本来阅读。这

---

[1] 参见斯拉沃热·齐泽克在《视差之见》（*The Parallax View* [Cambridge MA: MIT Press, 2006]）中对这一模糊性的讨论。

本小说尤其受 80 和 90 后读者的欢迎。[1]《我想睡上一整年》讲述了一个无名无姓的女主人公的故事，她苗条年轻，作为一名白人新教徒，拥有很多特权的她决定用一年的时间来睡觉。她不仅仅是一位现代睡美人，她被延长了的休息时间——其中充斥了用各种可疑手段获取的处方药——成了既令读者向往又令人感到厌恶的逃避方式，这不仅是对拒绝工作的幻想，也是对拒绝一切努力的幻想。

默里对我说："故事的讲述者就像巴托比一样，她拒绝工作、地位、友情和满足基本需求带来的乐趣。讲述者唯一的朋友，瑞瓦，则是各种自我提升指南的忠实粉丝：'尤其偏爱那些通常将新的饮食方法和职业发展与浪漫技巧结合在一起，打着教年轻女孩"如何充分发挥自己潜力"幌子的自助书籍和工作坊。'"[2] 女主人公拒绝的生活和主体性，正是新自由主义强加的那种成功范式。

女主自称有嗜睡症，以前工作时总打盹。如果

---

[1] 参见 https://vice.com/en/article/jge4jg/want-to-read-more-during-the-lockdownjoin-our-corona-book-club（上次访问时间 2020 年 12 月）。

[2] Moshfegh, *My Year of Rest and Relaxation*, p. 15.

说巴托比提出的是不服从,那么《我想睡上一整年》为这个筋疲力尽的世界提供的就是逃避主义,即一种暂时的退出。这本书是威斯康星大学麦迪逊分校(University of Wisconsin-Madison)的博士生艾米·盖塔(Amy Gaeta)给大学本科生上课时的教学内容。她告诉我,她的学生

> 往往讨厌讲述者,但喜欢小说本身……一些学生表示他们能与小说主角产生共鸣,但这让他们感到很困扰。这也包括我,我对主人公的感觉倾向于轻微的嫉妒:我们同样努力工作,我们也很累,但为什么我们不能休息一年?

筋疲力尽不光源于日常工作,还来自无休止、甚至永远无法完成的自我提升,这种辛苦乏味的劳动意味着疲倦不是急性,而是慢性病。盖塔认为,这可能是这本书成功的原因所在:"它让我们能将疲倦视为一种普遍状况。"她说,这本书引诱我们"思考"在一个我们的时间不属于我们自己的世界

中,"什么是休息、放松、睡眠和清醒";这个世界,用盖塔的话说,就是一个"所有人都疲惫不堪,没人在睡觉"的世界。

《我想睡上一整年》一书的坦诚与模棱两可对那些只是过于疲惫,不知道自己还能做什么的人来说或许充满了吸引力。同样,小说主角充满特权的残忍行为之所以令人兴奋,不仅是因为它向读者间接展示了对准则的违背,还因为它冲击了用社会交际获利的方式。在攻读博士的罗宾·克雷格(Robin Craig)是《我想睡上一整年》的粉丝,他对我说,

> 这本书不仅迎合了我喜欢看事情水落石出的心理,还给人带来了难以置信的放纵感,不但是其中的逃避主义,小说主人公的傲慢和挑剔也是我为了成为一个好人而努力压制的东西,但看到她享受这一切,甚至是拥抱这一切,让我感到很爽。

休息一整年不工作需要大笔财富。这是大部分人在其人生尽头才能负担得起的事——少不了国家

退休金和多年的积蓄。休息一年也需要别人继续工作，这样才能为暂时从劳动市场退出的人提供他们维持自己生活所需的东西。在《我想睡上一整年》一书中，这些工作是由移民劳工完成的：讲述者在经营杂货店的埃及人那里买咖啡、冰淇淋和她在短暂的清醒时间内需要的食物；在她休息的最后几个月，她把对自己社会再生产功能的控制权交给了纽约艺术界的新星，艺术奇才奚瓶（音译）。一个人休假需要的是一整个低薪劳动者组成的工作网，只有这样才能满足那些暂时告别了打工赚钱这一劳动方式的人的需求。正如汉娜·默里在提到《我想睡上一整年》中的纽约时所说的，"这座城市有一整套低收入、主体非白人的劳动群体支撑的基础设施，这些人的物质条件不允许他们数月不工作。"

这种从工作中抽身的方式，本身成了一种依靠进一步剥削才能实现的奢侈品。虽然莫什费格笔下一整年的休假并不常见，但承诺为反思腾出时间、寻回意义、重建劳逸平衡和各种各样其他有益身心的健康方案的公司团建，却是常见的企业福利。高层员工有时间专注于他们的副业，并发展他们认为能带来满足感和他们认为有利可图的业务。非常富有的人能选择何时工作、何时退出,他们在其中找到的是意义和满足感,而不是疲惫和疏离感。收拾他们的烂摊子、给他们洗衣服、开车把他们从公司会议场所送到团建场所的是一支贫穷的劳动者大军——他们通常是女性,通常是移民。根据美国第二波女性主义思潮中自由主义女性主义者贝蒂·弗里丹(Betty Friedan)的看法,女性应该雇佣管家来解决时间问题,这样她们才能更全身心地投入工作,才能在其中寻求自我和意义。[1] 在我们这样的社会中,掌握自己的时间不代表这份工作不复存在或被改变,而是意味着这份工作会被交给其他人;这样的事通常落在社会权利更小、更没有能力拒绝的人身上,如女性。

由谁来填补第一次拒绝带来的空白,取决于社会再生产是如何进行的。试想一下亨利·大卫·梭罗(Henry David Thoreau)。为对抗文明中的阴暗,这位美国散文家搬到了一座林中小屋居住,试图"从

---

[1] 参见 Kathi Weeks, *The Problem with Work* (Durham, NC & London: Duke University Press, 2011), p. 173。

容地生活,只面对基本生活事实"。他的逃离——一种相信现代生活的腐朽影响,因此渴望摆脱这种影响的典型美式情结——是由他母亲为他洗衣服和送一日三餐实现的。

家庭现实主义

在琼·巴富特(Joan Barfoot)1978 年的小说《渐入佳境》(Gaining Ground)中,自然环境再次成为寻回日常生活中缺失的满足感和快乐的背景。这本小说所呈现的能被勉强称为恬淡生活的,不是什么都不做,而是通过回归一种在大自然中完全依赖自己的努力,实现自给自足而催生出的女性主义自主性。女主人公阿布拉离开了丈夫和两个孩子,搬到了森林里一处偏僻的小木屋中居住。我们可以把她想象为某类女版梭罗,只不过她不需要别人给她送饭,而是自己做,她清醒地决定不再为别人忙前忙后。她不再按钟点"做每一件事,几点起床、几点做饭、几点洗衣服、几点看电视、几点看报纸"[1],

---

[1] Joan Barfoot, *Gaining Ground* (London: The Women's Press, 1992), p. 23.

她把为别人而活的生活抛在身后,过起了根据四季节奏而定的生活。在这本书中,巴富特展示了性别导致的家庭责任分配剥夺了女性发展自我和享受其生活的空间。为他人而活——为孩子、为丈夫——意味着自己本身的可能性被束之高阁。

然而,尽管阿布拉从她的解脱中和她为自己搭建的安静生活中找到了快乐,但当她面对在自己离开这么多年后快要成人的女儿时,读者或许很难不把她的决定视作自私的。为自己追求与世隔绝的独立伴随着残忍。拒绝被工作束缚,尤其是社会再生产类型的工作,可能会突然给通常依赖这些工作的人带来麻烦。阿布拉逃离的那种家庭结构——孤立、特权阶层、中产阶级、女性基本是唯一一个照顾他人的人——对女性的束缚深入骨髓。当她的女儿在多年后找到她时,她感到自己的独立自主开始消散,她认为她的女儿在"一点一点地吞噬"她。社会需求和关爱需求通常通过家庭得到满足,甚至只能通过家庭得到满足,这意味着家庭关系的情感拉扯让她的离开既势在必行,又错综复杂。诗人希尔维亚·普拉斯(Sylvia Plath)从类似的角度出发写道:

> 我丈夫和孩子的笑容溢出了全家福；
>
> 他们上翘的嘴角像小钩子一般嵌入我的皮肤。[1]

《渐入佳境》将读者推向一个别扭的立场：如果我们真如许多人认为的那样，把家庭视作女性的发展空间所受到的不公和不平等的人为限制，那么摆脱家庭——离开家庭，而不是试图去改革其构造——应该就是合理的行为。这条提议让人觉得不舒服，更让人不舒服的是当我们考虑到离开的决定其实是少数人的特权时。就连充满束缚，令人抓狂的小家庭形式也是将许多人排除在外的产物。女性移民，包括为富裕国家女性打扫房屋和照顾孩子的女性移民，因暴力和残忍的边境管控制度被迫与其家人分开。此外，正如黑人女性主义理论家所指出的那样，从历史上看，被暴力剥夺家庭生活一直都是黑人女性的生活特征。而进入工作领域从来都不是工人阶级女性的选择。

从小家庭中抽身的决定很少见。但女性主义和

---

[1] 'Tulips', Sylvia Plath, *Collected Poems* (London: Faber, 1981), p. 160.

同性恋活动家一直都在尝试重新对家庭进行定义，想象新的集体生活和照顾模式。当然，值得一提的是，小家庭形式其实是历史上的一种反常现象。家庭在历史上并非常态，而是一种不常见的组织形式。但即便在我们对遥远的过去的想象中，家庭也是小家庭形式：一位（工作的）父亲、一位（不工作的）母亲和他们的两三个孩子。这种对家庭的自然化和非历史化可以与资本主义现实主义（capitalist realism）相提并论——坚持认为资本主义没有替代物。女性主义学者海伦·赫斯特（Helen Hester）注意到这两种动态在形式上的相似性，她将坚持认为某种特定形式的家庭生活才是唯一可能的家庭生活形式的理论称为"家庭现实主义"（family realism）。20世纪六七十年代，家庭现实主义——或美国女性主义者艾伦·威利斯（Ellen Willis）口中的"家庭沙文主义"（family chauvinism）——曾短暂出现过裂痕。许多人尝试了社区形式的生活方式，并摸索出了新的育儿方法。在某些情况下，这些都是非正式的自发行为，建筑物被占用，变成了由多代同堂的家庭组成的社区，或逃离虐待的女性的庇护所。在其他情况下,人们要求国家资助更好的新方案。例如,《工作妇女宪章》(Working Women's Charter)是由女性工会成员于1974年起草的一份要求免费儿童保育服务的声明。[1] 女性解放运动的地方分会建立了社区托儿所,并为通常以擅自占用建筑物的形式出现的社区托儿所提供辩护。[2] 这样的要求有时是为了让国家资助更好的服务,如更好的儿童保育服务,但根据要求,这些社会产品需由使用它们的人来管理。这些为改善家庭内外工作条件而进行的斗争——在社会运动和劳动运动的领导之下——要求结束繁重乏味的劳动和开拓集体生活的可能性;这是一场为了减少和改善工作而进行的斗争。

但情况在几十年内发生了变化。我想指出的是,减少家务劳动的需求并没有消失,而是被个人化的

---

[1] 参见 Sarah Stoller, 'Forging a Politics of Care: Theorizing Household Work in the British Women's Liberation Movement', *History Workshop Journal*, 85, 2018, pp. 96–118, p. 104。

[2] Christine Wall, 'Sisterhood and Squatting in the 1970s: Feminism, Housing and Urban Change in Hackney', *History Workshop Journal*, 83, 2017, pp. 79–97, p. 83.

新自由主义解决方案所取代。1980 年代后，女性家庭劳动时间的减少并不是通过集体转型，而是通过外包服务得以实现和以结构性不平等为前提的。

家庭现实主义下的家庭生活，在结构上是个人化的。每个家庭都生活在自己的独立空间里，家庭成员的家庭功能都在其中展开（但上学和照顾老人是特例）。这种公共和私人生活的分离加强了照顾儿童，尤其是年幼儿童的孤独感。家庭现实主义的建筑环境没能逃脱 20 世纪六七十年代实验精神的批判眼光。1972 年，尼娜·韦斯特房屋公司（Nina West Homes）建造的菲欧纳之家（Fiona House）代表了重新想象家庭生活的一次尝试。为单亲家庭设计的公寓，朝向一条为小孩子游戏而建的宽敞社区共享走廊。对讲机连接着不同的公寓，这样邻居们就很容易进行沟通，也可以帮助照看对方的孩子。这套方案在某些方面存在限制。由于菲欧纳之家是为年轻家庭设计的，其房间大小不适合年龄较大的儿童；此外，作为过渡性住房，在此居住的家庭通常在约一年后就会搬走。虽然菲欧纳之家所带来的变革不如一些沉浸感更强的社区生活实验，如公社团体和由社区经营的托儿所，但它仍突破了将每个家庭视作一个完全独立的个体这样的想法，尽管这种突破对一个家庭整个寿命内的一段固定时期来说只是暂时的。虽然这种形式的安排能给许多家庭带来好处，甚至对最强硬的亲商保守党人也有吸引力——保持低育儿成本，鼓励单身母亲返回工作岗位——但这类计划现在很少存在。

护理链

什么取代了降低家务劳动时间的实验？1980年代不仅见证了左派在多个方面的失败，还目睹了家庭沙文主义在左派内部的回归。[1] 在经济繁荣和对令人兴奋的选择多样性信念的鼓舞下，20世纪六七十年代的乐观主义消退了。但女性对减少家务时间的兴趣并没有降低。事实上，随着越来越多的女性陆续进入就业市场，减少"第二职业"时间

---

[1] 参见 Sheila Rowbotham, 'Propaganda for domestic bliss did not only come from the right. "Left-wing" sociologists stood firm on the sanctity of the family' in *Woman's Consciousness, Man's World* (London: Pelican, 1977), p. 4。

的要求也在加深。男性承担起其中一些工作。1965年，美国女性花在家务上的平均时长为每周 30 小时；2010 年的平均家务时长为 16 小时 12 分钟。1965 年，美国男性平均每周做 4 小时 54 分钟家务，2010 年这一数字上涨至 10 小时。[1] 英国女性花在家务上的平均时长在 1965 年为每周 3 小时 39 分钟，男性为 24 分钟。2005 年，这两项数据分别为 2 小时和 48 分钟。[2] 省力的设备与技术——预制菜、冷冻食品和微波炉——降低了家务劳动需要的时间，尤其是在做饭这件事上。外卖的兴起让吃饭这件事变得不再那么正式，从而改变了人们的期待，这也是因素之一。家务劳动实际上被外包，从事这项工作的通常是收入微薄的打工人。"一战"后，住家佣人的数量大幅下降，尽管住家佣人变得少见，但英国国内和全球范围内的不平等现象却导致家庭钟点工的数量急剧增加。能够获得廉价劳动力，意味

---

[1] https://ncbi.nlm.nih.gov/pmc/articles/PMC4242525/（上次访问时间 2020 年 12 月）.

[2] https://demographic-research.org/volumes/vol35/16/35-16.pdf（上次访问时间 2020 年 12 月）.

着将家务劳动外包的家庭会越来越多。2004 年，十分之一的英国家庭雇用了某种形式的钟点工，通常为保姆或清洁工。[1] 仅仅十年之后，雇用清洁工的英国家庭就上升到三分之一。虽然更有可能花钱雇人在家里工作的是较富裕的家庭，但在年收入不足两万英镑的低收入家庭中，定期雇人做家务的家庭也占到了四分之一。[2] 清洁工、保姆和互惠生大军提供了廉价的家政和儿童看护服务。其中约有 70 万人从事清洁工作，该行业的营业额约为 81 亿英镑。[3] 2010—2015 年，就业于该行业的人数增长了 10%。[4]

英国国内的不平等和全球范围内的不平等让女性——主要是中产阶级女性，但工人阶级女性的数量也在增加——能够在某种程度上避免承担惹人嫌

---

1 http://news.bbc.co.uk/1/hi/uk/3824039.stm（上次访问时间 2020 年 12 月）.

2 https://dailymail.co.uk/news/article-3516617/One-three-families-pay-cleaner-35s-drive-trend-hiring-domestic-help.html（上次访问时间 2020 年 12 月）.

3 https://equalityhumanrights.com/sites/default/files/the_invisible_workforce_full_report_08-08-14.pdf（上次访问时间 2020 年 12 月）.

4 http://bache.org.uk/resources/Pictures/1701%20BCC%20Industry%20Trends%20Report%20v1.3.pdf（上次访问时间 2020 年 12 月）.

的家务活。这种不平等为护理服务、家政服务和其他社会再生产劳动建立了一个廉价劳动力备用库。许多从事这些工作的人也是女性,有些甚至是很可能生活在贫困之中的老年女性。[1]事实上,清洁行业中约五分之一的工作人员年龄在 55 岁以上。[2]更年轻的移民劳工,不论男女,也在从事大量这类工作——送外卖、打扫私人住宅和公共场所、为病人和老人提供护理工作。这种迁徙模式通常被形容为"全球护理链",在这种情况下,不愿工作、国家福利削减或夫妻双方都工作的经济情况等因素相互作用,形成了阿莉·霍克希尔德所说的,"以有偿或无偿护理工作为基础,存在于世界人口中的一系列人际联系"[3]。一名移民女性填补了护理链上最初的空缺,但这也在她离开的国家造成了另一个空

---

[1] https://theguardian.com/society/2019/aug/18/elderly-poverty-risen-fivefoldsince-80s-pensions(上次访问时间 2020 年 12 月).

[2] http://bache.org.uk/resources/Pictures/1701%20BCC%20Industry%20Trends%20Report%20v1.3.pdf(上次访问时间 2020 年 12 月).

[3] Arlie Hochschild, 'Global Care Chains and Emotional Surplus Value' in Hutton, W. and Giddens, A. (eds) *On The Edge: Living with Global Capitalism*, (London: Jonathan Cape, 2000), p. 131.

缺。"来自贫困家庭的大女儿照顾她的兄弟姐妹,她的母亲是一名为某移民女性照顾孩子的保姆,而这名移民女性在某富裕国家为他人照顾孩子",就是一个典型的例子。[1]

雇用清洁工的道德问题是人们常常争辩的话题。这些激烈的争论在被普遍视作典型的男性家政服务中很少见。比如,我们很少看到有人反对雇用园丁。其中部分原因在于一些家庭清洁服务的剥削属性,这种工作的前提是极度的不平等。此外,这种争论也是因为这份工作的私密本质比园丁更强,以及女性确实喜欢或应该喜欢做家务这种阴魂不散的假设。在新冠疫情封城的早期阶段,小有名气的报纸专栏作家甚至冒着生命危险请人打扫房间,她们用难以令人信服的女性主义理由为这样的权利进行辩护。她们认为,如果不把家务劳动外包出去,女性就不得不承包大部分家务。[2] 但我们不妨想想,难道为她们打扫房间的就不是女性吗?记者

---

[1] Ibid.
[2] https://spectator.co.uk/article/the-underlying-sexism-of-the-conversationabout-cleaners-and-covid(上次访问时间 2020 年 12 月).

欧文·琼斯（Owen Jones）批评了那些雇用清洁工的雇主对工作场所安全采取的轻率态度，但他却被控为性别歧视。批评他的人认为，他们正在与女性天生应该或天生就爱打扫卫生的想法做斗争，但他们的结论却是其他女性——更贫穷，通常有移民背景的女性——接手这份工作没关系。因此，逃离家庭对女性的束缚成了她们的个人特权，而不是所有女性的共同事业。

围绕着雇主应该支付给清洁工怎样的薪水——尤其是其中那些认为自己是女性主义者的人——这一问题也存在讨论，或者该讨论能给我们提供更多的帮助。哲学家阿里安娜·沙维斯（Arianne Shahvisi）指出："如果将清洁工作外包主要是为了给自己节省时间，那么根据这一理由，雇主就应该按自己的时薪向清洁工支付这段时间的费用"。[1]由于许多人的工资都比清洁工的平均工资——大约一小时 12 英镑——高，这样做意味着清洁工的时

---

[1] https://mediadiversified.org/2018/09/07/pay-your-cleaner-what-you-earn-orclean-up-yourself（上次访问时间 2020 年 12 月）.

薪将显著增加。[1] 除了像重视自己的时间一样重视员工的时间外，沙维斯还主张，行业的工作时间都应该让所有人有足够的时间来从事社会再生产劳动，男性也应该承担份额合理的工作。这两个目标或许有用，但却没有延伸至个人家庭的范围之外。通过增加社区服务来减少社会再生产劳动的工作量似乎也很重要。我们可以像丽贝卡·梅·约翰逊（Rebecca May Johnson）在有关"二战"期间建立起的国有化"英国食堂"一文中所描述的那样想象食堂，只不过这些食堂在接下来的和平年代衰败了。[2] 这样的食堂向所有人开放，拥有体面的工作环境和就餐条件。我们还可以想象全民儿童保育服务，支持能减少现有家庭模式下重复性社会再生产劳动的集体生活方式。当廉价劳动力因女性的低薪和对移民劳工的剥削而成为可能时，技术创新的发展就会受到抑制：因为与开发用来减少工作时间，甚至是取代这项工作的新技术相比，剥削他人的成

1　https://inthewash.co.uk/cleaning/how-much-do-cleaners-charge-uk/（上次访问时间 2020 年 12 月）.

2　https://dinnerdocument.com/2019/04/30/i-dream-of-canteens/（上次访问时间 2020 年 12 月）.

本更低。其实在两次世界大战之间，英国家用电器的发展，以及在取暖和做饭方面向电力和天然气的转型都因容易雇到佣人而被推迟。[1] 如今，家用电器要么是昂贵的噱头，要么是对现有机器微不足道的升级，比如洗衣机的手动表盘被升级为电子表盘。事实上，许多家用技术的"创新"所依赖的都是容易获得的廉价劳动力的存在，例如生产智能冰箱的美国初创企业，这款冰箱不仅能在牛奶快喝完时提醒主人，还能在 Instacart 上为此下订单，而这一切都是靠报酬微薄的零工劳动力支撑着的。[2]

雇用他人做家务是否符合女性主义这一着眼点没有搞清问题所在。家务劳动被外包，是因为人们认识到大多家务劳动不仅是没人愿意做的苦差事，还可能造成各种肌肉骨骼问题。

在有关家务劳动争论的几十年里，女性以各种方式拒绝家务活。这种拒绝最初是实验性的，女性

---

[1] Lucy Delap, *Knowing Their Place* (Oxford: Oxford University Press, 2011), p. 117.

[2] https://vice.com/en_us/article/qjd8vq/gig-economy-now-making-workersorganize-groceries-in-rich-peoples-fridges（上次访问时间 2020 年 12 月）.

希望通过社区和国家提供服务的形式来减少她们花在家务上的时间。新的家务实践传播开来,男性逐渐开始承担更多家务。但这些实验在 1980 年代因反对人士的反弹要么被搁置,要么失去了资金来源或被外包。许多由集体建立,并由社区管理的托儿所现在由工作条件恶劣的大型跨国公司运营,其中 84% 的托儿所是私人经营。[1] 家庭内部的家务情况也不例外。与其说是家务劳动的社会化,不如说是服务和护理工作的全球市场化,这种市场化以全球极端的不平等为前提,取代了重塑家庭生活和工作的尝试。逃离工作——无论是有偿还是无偿的工作——都会留下一个缺口。在市场社会中,市场的反应一般会填补这一缺口。许多人已经在试图减少他们的工作量。但要大规模地改变工作,我们需要采取不同的方法。如果不建立强大的社区机构,并推动得以孕育 20 世纪六七十年代拒绝工作运动的共同繁荣,对工作的抵抗大概只能给少数有能力承担的人带来更好的生活,但无法给所有人带来更公平的结果。

1　https://novaramedia.com/2020/09/17/big-business-is-muscling-in-on-the-uksnursery-racket/(上次访问时间 2020 年 12 月).

结 语

谈回工作

一个成功的社会主义运动的任务不仅是事实与组织的任务,也是感情和想象力的任务。

——雷蒙·威廉斯

没有唯一有效的方法,而是需要我们所有人从四面八方推倒它。

——黛安·迪·普里马(Diane di Prima)

面对工作问题我们应该怎么办？正如我在这本书中所论述的那样，工作的问题所涉及的绝不仅仅是为某些好工作提供更平等的机会，因为在资本主义制度下，工作的安排方式决定了工作者无法掌控自己的工作——或者说资本主义注定了这样的工作安排方式。对绝大多数人来说，工作并非如其所承诺的那样，是一种行得通的自我表达方式，而是成了对自由的冒犯——成了吞噬我们生活的东西。由于资本主义必须不断寻找新领域，由于利润必须得到保证，越来越多的人被引向资本主义生产关系和随之而来的权力关系的更深处——雇主、工作者和监视他们的管理者之间的关系。

资本主义工作不仅依赖不平等，还制造不平等。在贫富差距不断扩大的社会，如现代英国社会，为余下的"更好的"工作提供"更公平的"机会忽视了一个根本事实：找不到"好"工作的人永远都比那些有幸能找到的人多。所以，解决工作问题必须改善底层工作，而不是让一小部分人更容易接触到最好的工作。改善工作的最低标准，确保这些标准的维护与实施——尤其是通过得到重新提振且强有力的工会运动来确保这些标准——将给许多人的生活带来重大转变,保护他们免受资本主义工作不加节制的摧残。但这种转变难以仅靠说教的力量发生:它需要更深层次的组织方式。

这种改善将能带来革命性的影响——结束零工时合同的时间表暴政,让工作者能更容易反抗他们在日常生活中受到的侮辱,防止工作向非工作时间的渗透。但这样的改善并不能终结资本主义工作的根本问题:维系这一局面的财产和权力之间的关系。两个从存在主义角度看令人担忧的问题让抵抗这一关系的需求变得更加迫切:气候危机和对劳动力需求停滞的忧虑,在这样的情况下,工作会变得越来越少。

企业和政府明知化石燃料造成的可怕破坏,但他们仍继续投资化石燃料基础设施。就在他们为未来几十年的努力盈利做准备时,地球正在他们周围燃烧。这不只是现在的问题。企业与政府投资化石燃料的规模远超其对可再生能源的投资,这将我们所有人都困在了未来几十年极度危险的活动中。投资化石燃料基础设施的企业和政府希望得到回报,而这一回报则剥夺了我们所有人的未来。就直接毁灭地球的工作活动而言，只要求改善最低标准是不够的。

目前，经济似乎只能勉强在低薪服务劳动中创造工作机会。新冠疫情对服务业财政情况的影响甚至有可能危及这些工作。2020年11月的英国青年（18—24岁）失业率已上升至14.6%，仅2020年3—11月就有75万人失去了工作。与此同时，失业却仍被理解为个人意志力的失败，而不是政治和结构性问题。未来几年的特点很可能是失业和就业不足危机的加剧，不仅工作机会越来越少，那些工作提供的工时也越来越短。任何旨在解决资本主义工作问题的方案都必须解决这两场不断蓄积的风暴。

英国左派仍在两次历史性失利的阴影下运作。第一次，也是最近的一次，是2015—2019年试图通过一个本身敌视社会主义的社会民主党撬动英国国家巨大权力的尝试。第二次，也是影响更深的一次，是20世纪最后几十年中对有组织的工人阶级机构的破坏，这一破坏延续至21世纪。我们仍受到这两次失利的影响。"受到影响"是一句稀松平常的用语，普通到我们已经失去了对这句话可能牵涉的暴力与动荡的感知；影响是一艘船在它身后留下的被搅乱的、波涛汹涌的水痕，或是飓风过后的面目全非。左派——其组织、机构、成员和我们所有人——都受到这两次失利的影响，我们被扔进危险的水中，什么都抓不住，只能努力将头露出水面。

这种被影响的历史状况让理论、策略和评估变得更重要也更困难。对行动而言，这些不是绝佳的条件，但这些条件意味着我们需要采取的行动范围比以往历史境遇中的更大、更深。第一步，也是最基本的一步，是重建已被摧毁或被搁置的东西——重新开始创办和建立工人阶级权力机构这一艰辛漫长的工作过程。这其中的许多组成部分可能要被搭建在旧路线上，也就是曾经确立的基础之上，但有些可能会看起来不一样，会需要试验。

虽然使资本主义成为资本主义的基本关系没有改变，但这些关系的存在方式已经改变。这并不意味着我们应该放弃建立工人阶级权力的策略——恰恰相反——但这的确意味着这一运动的潜在切入点已经改变。当大多数劳动者受雇于服务业时，由于该行业的压力点与工业资本不同,我们可能需要发展新的联盟和新的战术。

这并不代表无组织或一盘散沙,而是一种战术和策略上的开放态度,寻找可能的新方向,用批判的眼光进行评判,并尝试这些新方向。反对资本主义工作的方案多种多样:工作保障,劳动者所有权或劳动者对企业进行管理,削减工时,全球基本收入,全球基本服务,全自动化,以及试图将工作逻辑或工作伦理与日常生活进行剥离。我无意讨论哪一种特定方案才是唯一清晰的正确道路。考虑到雇主和雇员间的权力关系是工作之所以有害的关键所在,因此最能引起我共鸣的,是根植于所有权变革的工作变革。但就赢得权力或满足诉求和对工作的去自然化进程而言,不同策略的混合使用或许会被证明是有用的。

去自然化(denaturalise),让那套具备历史偶然性的权力关系得以显现,而不是让人们将其视作"天然的"、不变的永恒状态。因为资本主义,进一步讲因为资本主义工作,如此深刻地塑造了我们的欲望和偏好,以至于抵抗资本主义工作的意识,一种阶级意识是需要被培养的,这一意识不会自动出现。要把普遍存在的对个别工作和个别上司的失望,转化为对整个上司系统和工作系统的受挫感需要这种意识。

要求对我们自己的时间拥有掌控权,这一激进要求应该是一条有望在资本主义范围内改善和挑战资本主义工作的途径。这意味着对工作中的时间的掌控,不受事无巨细的干预,不受零工时合同与虚假自雇专断的时间安排的摆布。对自己时间的掌控也可以被扩展至传统职场外的自由时间,为其他生存和生活方式提供更多的时间。与此同时,建立持久的社区场所,包括让社会再生产要素社会化的民主式公共服务运营,将能为日常生活中的时间提供对抗资本主义工作逻辑的政治逻辑。这样的社会制度意味着更多的时间不只是更多的"自由"消费时间,而是充满了人类合作与快乐的新可能性的自由时间。

我在上述结论中用恶劣的天气作比喻不是想让改变看起来不可能,而是为了让我们用清晰的目光来定位自己。我们面对着不断加深的危机,也面对着左派作为一项运动的重大实践和理论挑战，而这其中的关键不只是对我们自己的生活拥有掌控权，还包括对我们共同的命运、共有的自由和共享的快乐拥有掌控权。一个没有资本主义工作中的屈辱、无孔不入的残忍、剥削和痛苦的未来是有可能的，也是值得为之奋斗的。

图书在版编目(CIP)数据

在工作中迷失:逃离资本主义/(英)阿梅利亚·霍尔根著;王伯笛译. -- 上海:上海文艺出版社,2025. --(拜德雅). -- ISBN 978-7-5321-9195-6

Ⅰ.C91

中国国家版本馆CIP数据核字第20251YU154号

责任编辑:鲍夏挺
特约编辑:邹　荣
版式设计:张　晗
内文制作:重庆樾诚文化传媒有限公司

书　　名:在工作中迷失:逃离资本主义
作　　者:[英]阿梅利亚·霍尔根
译　　者:王伯笛
出　　版:上海世纪出版集团　上海文艺出版社
地　　址:上海市闵行区号景路159弄A座2楼　201101
发　　行:上海文艺出版社发行中心
　　　　　上海市闵行区号景路159弄A座2楼206室　201101　www.ewen.co
印　　刷:上海盛通时代印刷有限公司
开　　本:787×1092　1/32
印　　张:8.75
字　　数:124千字
印　　次:2025年2月第1版　2025年2月第1次印刷
I S B N:978-7-5321-9195-6/C.113
定　　价:58.00元
告 读 者:如发现本书有质量问题请与印刷厂质量科联系　T:021-37910000

Lost in Work: Escaping Capitalism, by Amelia Horgan, ISBN: 9780745340913

Copyright © Amelia Horgan, 2021.
First published by Pluto Press, London.
www.plutobooks.com

Simplified Chinese translation copyright © 2025 by Chongqing Yuanyang Culture & Press Ltd.
All rights reserved.

版贸核渝字（2022）第 254 号